Mariella Plumeri Caterini

# ISTANTANEE CON BAMBINA

ROMANZO

Prima edizione, Baroni Editore, aprile 1998
Seconda edizione riveduta e corretta: CreateSpace, Gennaio 2015

Impaginazione e grafica di copertina: Silvia Magli
silviamagli@katamail.com

ISBN: 978-88-940362-4-4

*Oggi è stato domani e sarà ieri*

*A Nicoletta, mai dimenticata*

In questo romanzo vengono menzionati luoghi e momenti geo-graficamente e storicamente precisi, nel contesto della seconda guerra mondiale, ma non c'è nell'autrice alcuna pretesa di documento storico. In una nota, nella prima edizione, il contenuto si definiva essere frutto di fantasia. Questo per non turbare la sensibilità di chi allora era ancora presente ma anche, e soprattutto, per tutelare i sentimenti della "bambina" protagonista, ancora molto coinvolta e restia a rivelarsi. Ora l'autrice, in questa seconda edizione/rilettura del romanzo, affida al lettore il compito di stabilire se il racconto sia frutto di realtà o di fantasia.

# STORIE DI UNA DONNA:
## MARINELLA, MARINA, MARIA…

"La stanza ha le pareti bianche…" con molta delicatezza mi accosto e, in silenzio, sbircio dentro, mentre le istantanee si susseguono di rapida successione e prende corpo, presentificandosi nel fluire del ricordo, la storia di una vita, quasi come un film.

Mi scopro spettatrice attenta e curiosa, quella curiosità che è partecipazione, che mi accompagna quotidianamente nel mio lavoro e che mi conduce a sbirciare in tante altre stanze e sovente ad entrarvi dentro.

È arduo concretizzare i pensieri in parole e doloroso, specialmente il ricordo e l'emozione ti si affollano dentro e non sono bei ricordi ed emozioni appagate, ma è un dovere per chi voglia ripercorrere a ritroso i percorsi di una vita e chiudere il ciclo, lasciare fluire frammenti di memorie altrimenti inconsapevoli e preclusi, ricomponendo e ammortizzando fra loro parti di sé rimaste scisse e, in parte, ignote le une alle altre.

Tre figure femminili, tre età della vita, tre frammenti di un'unità, come le Cassie Colpiss del bellissimo "Giochi nell'acqua" di Peter Greenaway, al tempo stesso coalizzate e a confronto, parole e lunghi silenzi, quando le parole diventerebbero "troppo pesanti", rimproveri e reciproche aspettative, interminabili attese.

Nella stanza il tempo è sospeso, nei flashback si scandisce, preciso, impietoso: è un tempo cattivo per tutti, e un "tempo di guerra". La disperazione e il dolore, divenuti routine giornaliera abbrutiscono cuori e coscienze. Marina ricorda e racconta; eventi precisi anche se così lontani, particolari impietosi, taglienti come lame affilatissime: immutabile, immane e immanente perché parte di lei, che vi si è formata, a lei consustanziale e, al contempo, esperienza condivisibile a chi ascolta, a chi vede, perché i suoi vissuti riescono a farsi immagine viva, inquietante e perturbante. Marina ha trasformato la sua rabbia e il suo dolore, ancora vivi, in scrittura: ha tentato, e in parte c'è riuscita, di padroneggiare l'angoscia, elaborando emozioni e sentimenti altrimenti distruttivi, creando qualcosa di suo. Ma ricordi e scrittura, senza le effettive e affettive presenze del suo ieri e del suo domani non sono vitali e rimangono solo un tentativo. Solo quando accetterà di sostenere lo sguardo esigente di Marinella e di accogliere la pietas di Maria, la sua opera diverrà un percorso creativo, una donazione di senso alla sua storia e le consentirà, alla fine, di riconciliarsi serenamente in unità stabile ed equilibrata.

Marinella, la bambina, ha dovuto ammettere e accettare la sofferenza, riconoscere che provenisse non tanto e non solo da eventi contingenti e personaggi estranei, ma anche, e soprattutto, dal rapporto con le figure parentali di riferimento e identificazione (padre e madre), dalle quali avrebbe dovuto sentirsi guidata, protetta e rassicurata in un'epoca della vita fondamentale per la formazione della personalità e per un armonioso e compiuto dispiegarsi di un'esistenza futura.

Oggi si parla molto d'infanzia violata, di abusi, violenze, prevaricazioni e gli attuali mezzi di comunicazione di massa ce ne inviano quotidianamente le sconvolgenti immagini: queste "Istantanee con bambina", vere e proprie immagini in parole, non sono meno perturbanti, anche se ci mostrano solo occasionalmente maltrattamenti fisici e non particolarmente cruenti (ma quello schiaffo... "Per cominciare" ... lascia la sua impronta sul volto di chiunque, osservando, partecipi.

È altro quello che colpisce e progressivamente coinvolge mentre scorrono le istantanee, "altro" che spesso, troppo spesso, ho ascoltato nei racconti di tanti pazienti: è, fondamentalmente, l'assoluta mancanza di rispetto e considerazione per *l'alter*, anche se è figlio, anche se è piccolo, ha bisogno e, per il solo fatto di esserci, chiede. La considerazione per l'altro è, al contempo, assunzione di responsabilità, è prendersi cura e, nei confronti di un figlio, allevare (*adlevare*: alzare, tirare su, implicando uno sforzo che non comporta soltanto il soddisfacimento di bisogni materiali, una fatica dovuta, ma anche una prospettiva di trasformazione e crescita reciproche, che arricchisce e gratifica), è aprirsi a un'alterità assolutamente peculiare nei confronti di un altro da sé e parte di sé, ma anche diverso e originale e che necessita che questa sua autenticità venga accolta e rispettata per realizzare le sue possibilità.

Venendo a mancare questo presupposto, questa disponibilità consapevole ad accettare il ruolo di genitore, modulando il rapporto con il figlio secondo momenti e bisogni, rispettando le distanze senza invadere i confini (mai troppo lontani, né simbioticamente a rischio di fusione), non so possono che venire a creare rapporti alterati e distorti, in senso lato "perversi", pericolosi perché propedeutici allo sviluppo di patologie mentali anche importanti nell'età adulta e, nei casi più gravi, anche infantile.

Al bambino, dopo aver provato l'atroce dolore della disillusione (la perdita delle illusioni è comune e condivisibile ma, vissuta troppo precocemente, può causare ferite profondissime del sé, con lacerazioni e distacchi difficilmente sanabili e spesso con esiti "cicatriziali" più o meno invalidanti) non resta che ripiegare su strategie difensive di compenso, spesso faticose, labili, poco sicure, comunque disfunzionali: gli esiti di questi tentativi sono diversi e dipendono in larga misura da una serie di variabili concomitanti da valutare in ogni singolo caso.

*La lettura-visione* di queste pagine offre appunto l'occasione di riflettere sulla "messa a punto" di una strategia da parte di una bambina e sulle conseguenze di ciò nella sua vita adulta. Di fronte all'inadeguatezza delle relazioni affettive fondamentali, difficile, ma unica soluzione possibile è stata quella di "spostare" la drammatica perdita di fiducia nei confronti dei genitori (situazione eccessivamente dolorosa per essere tollerata) su se stessa, quindi distaccarsi, imparare a controllare i sentimenti, "calcificare" le lacrime, divenire adulta senza essere stata mai bambina, prendendo su di sé le parti "cattive" della madre, fino a diventare lei madre di una madre bambina e per questo giustificabile. Marinella non ha avuto altra scelta e paga il pedaggio di questo percorso obbligato con la perdita dell'infanzia, confortata soltanto dalla nonna materna, unica concreta e protettiva presenza al suo fianco, in un mondo di adulti-fantasmi, capaci soltanto di mettere in scena le loro inquietanti ambivalenze e forse unico elemento di protezione nei confronti di regressioni più profonde e perdite non altrimenti erogabili.

È una lunga strada in salita, quella che la bambina percorre, affollata di eventi e personaggi ma, da ogni occasione, sembra impercettibilmente acquistare forza e determinazione, da ogni incontro sa estrarre un'essenza che serba: la magia del ricordo, un filo prezioso che tesse, ripara e conforta.

Non so davvero quanto tempo è passato, non si può misurare riconducendolo a Unità quantizzabili: Maria è sola adesso nella stanza, io sono ancora sulla soglia, con altre presenze. Non è stato necessario entrare, adesso fuori e dentro di lei c'è il sereno.

*Alessandra Barontini, psichiatra*

# PRIMA PARTE

## Prima istantanea

La stanza ha le pareti bianche, completamente spoglie; sul pavimento in cotto, c'è un grande tappeto, sopra, molti cuscini: i colori sono caldi, intensi, come l'Oriente da cui provengono.

Sopra un cuscino, alla destra di chi guarda, sta seduta una bambina bruna, esile, con i capelli lunghi. Ha un'età indefinibile fra i cinque e i dieci anni, a tratti ne dimostra molti meno, anche perché la sua immagine, dall'esterno, appare sfocata. Colpisce l'espressione dei suoi occhi, ferma, severa, adulta.

Contro la parete di fondo, in piedi, sta Marina, una giovane donna che le somiglia. Di fronte alla bambina, seduta sopra un altro cuscino, nella posizione yoga del "loto", c'è una donna di mezza età, Maria, di aspetto ancora piacevole, anche se il tempo ha cancellato ogni somiglianza con le altre due. Può restare ferma in quella posizione per ore, ha pratica di meditazione. Per chi le guarda dall'esterno potrebbero sembrare madre, figlia, nipote. Se lo sono, non è nel senso che può apparire logico.

Se le osserviamo, sembrano studiarsi: fra loro, emozione e imbarazzo.

Marina rompe il silenzio, nella sua voce c'è una sorta di pudore:

– La bambina ha deciso che sia tu a completare le parti mancanti –.

– Tu non avesti quel coraggio, nonostante la piccola lo chiedesse con molta insistenza –.

– È giusto che sia tu a prenderti l'impegno: dicono che l'età avanzata avvicini i ricordi più lontani –.

– Non è questo, è solo che io provo meno dolore. Tu, invece, quando raccontavi della bambina, ne soffrivi –.

– Venne il momento che mi fu impossibile seguitare. Per te, invece, è più facile, con il distacco del tempo...–.

– È vero, la vita mi ha insegnato il controllo delle emozioni.

*Ti prometto di non cambiare una virgola di quanto è già stato scritto, anche se adesso, per me, la visione dei fatti è diversa. Non posso rifiutarmi, la bambina me lo impone. Ma sei tu a dover cominciare –.*

*Marinella, la piccola, ha ascoltato in silenzio. Non commenta, ma non ha più la pazienza di aspettare: troppo tempo ha aspettato.*

*All'interno della stanza, anche per chi osserva dal di fuori, è palpabile l'emozione dell'attesa. La voce di Marina, nel raccontare, si fa sommessa, a tratti si incrina per la commozione.*

# PER COMINCIARE

È giusto che cominci raccontando di mio padre, per il peso che ebbe nella mia infanzia l'idea che mi ero fatta, o avrei voluto farmi di lui; per ciò che mi costruii dentro, la speranza e l'illusione. Per l'influenza che ebbe dopo, il desiderio costante e inconsapevole di un padre da amare e l'odio invece che, qualche volta negli anni, mi spinse a desiderarne la morte, fino al punto di chiedermi se potessi procurargliela io stessa. E solo l'egoismo mi trattenne allora, per ciò che dalla vita pretendevo, che mi spettava di diritto e non valeva la pena perderlo, o sprecarlo per lui.

Avrei pianto in seguito, anni dopo, sapendolo inesorabilmente condannato, non ancora per la pietà di lui, ma per me stessa, perché non avevo lacrime da piangere per lui.

Soltanto adesso che scrivo e guardo indietro, come se osservassi il passato di un'altra, io che non sono infallibile, che sono niente e non ho il diritto di giudicare le colpe degli altri, tanto meno quelle di mio padre, ho pietà.

Il padre della bambina che ero allora, quando nacqui, aveva soltanto ventidue anni, due più di mia madre. Parlava sempre a voce molto alta e tutti, intorno, dovevano tacere. So che lo temevo e ritenevo di doverlo ammirare. Ne ho ricordi molto vaghi, non di tenerezze.

Eppure, negli anni in cui mancò da casa, prigioniero in un campo di concentramento americano, ne ebbi un rimpianto così acuto da alterarne il ricordo con la fantasia.

Lo ricordo in divisa fascista quando partì, dopo l'ultima licenza: dovettero strapparmi a forza da lui. Mi appariva mostruosa l'idea che partisse, ancora una volta, "per la guerra".

Lui rideva. Forse voleva nascondere la commozione. Allora, la sua risata mi ferì.

Mi sembrò che ridesse della mia disperazione. Di altro, io ricordo, come la sequenza sfocata di un film in cui, improvvisamente, l'immagine in bianco e nero sfuma in color seppia per divenire nitida e colorata, lo schiaffo che mi tramortì, inaspettato, una mattina in cui stava litigando con la mamma. So che eravamo in cucina, che stavamo facendo colazione e il tavolo era troppo alto per me che avevo solo due anni. Ero in ginocchio sulla sedia, invece che seduta. È incredibile come certi particolari si incidano nella memoria.

Fu durante una delle sue ultime licenze. 1940. Mio padre urlava per via dell'ombelico di mia sorella che aveva allora due mesi.

– È orribile, da donna se ne vergognerà. Quell'ostetrica è una cagna, non ha saputo nemmeno legare l'ombelico. Andrebbe denunciata, andrebbe...–.

Non mi ero mai soffermata a riflettere sull'ombelico di mia sorella, né sul mio, né a considerarne l'eventuale differenza. Tirai su l'orlo del vestito e giù, fino ad un certo punto, l'elastico delle mutandine.

Mio padre mi sorprese in quell'atteggiamento, la testa curva in avanti, mentre seguivo con l'indice il contorno di quella fessura, intenta al mistero che immaginavo dovesse custodire; così che non ebbi nemmeno il modo di supporre quello schiaffo sproporzionato alla mia età, alle mie forze e alla situazione. Persi l'equilibrio, caddi dalla sedia e rimasi stordita per qualche minuto.

Ora immagino che gli avessi procurato un pretesto per scaricare la sua ira. Presi lo schiaffo che avrebbe voluto dare ad altri. Allora mi feci l'idea di aver commesso una colpa vergognosa, oscura, di cui, ripensandoci, arrossii per molto tempo.

Delle collere violente di mio padre, era di quelli che sono soliti farsi ragione urlando, ho alcuni ricordi confusi, altri più nitidi della mia adolescenza, quando a sentire il suono alterato della sua voce, mi prendeva una sorta di malore che pure non era fatto di paura. Addirittura non riuscivo a reggermi in piedi, né a trovare la voce per parlare, né la lucidità mentale per pensare. Eppure, molte volte mi illusi che si potesse prenderlo per mano e dirgli: "D'ora in avanti, camminiamo insieme, dimentichiamo".

Ci fu un momento che non m'illusi più. Né perdonai. Però, quando ebbi figli anch'io, all'odio subentrò la pietà. Per la sua solitudine. Per quel suo morire solo, con la pietà dei figli (o soltanto la mia, la maggiore, che da bambina un poco l'amai, per ciò che avevo fantasticato di lui?), l'affetto mai.

## Seconda istantanea

*Nella stanza le tre figure femminili sono immobili nella posizione della precedente istantanea.*

*La bambina è molto pallida, ha piccole perle di sudore sulla fronte, per chi la osserva dal di fuori, è evidente che sta soffrendo. L'infelicità, nella stanza è così densa che si potrebbe palpare.*

*Maria sospira profondamente. Il racconto ha un senso d'inesorabilità quasi spietata.*

*– La bambina pretese fino all'ultima parola. Ogni sillaba, perfino ogni pausa, una stilla di sangue. Ma fu anche un'esigenza mia, oltre che della bambina. Fu come togliere un masso all'inizio di un sentiero. Era importante percorrerlo e capire, passo dopo passo, analizzando meglio gli eventi. La piccola aveva preso su di sé il peso di colpe non sue. Bisognava aiutarla a liberarsene –.*

*– Le colpe non sono della bambina –.*

*– Neanche dell'adolescente o della donna. Solo che se ne fece carico, per non aver indagato abbastanza. Sarebbe stata capace di gesti estremi –.*

*– Ora la "pietas" della quale parli, col distacco del tempo, è più forte. Diventa perdono –.*

*Marinella ha il viso più sereno adesso, sa che la sua aspettativa non sarà tradita. Maria, Marina, Marinella, tre età diverse, così profondamente correlate... Forse adesso è più semplice capire.*

# NELLA PENOMBRA

La zia non aveva volto, solo una voce lieve che raccontava storie inventate sul momento. Venendo dalla luce, distinguevo a malapena, nella penombra, i contorni delle cose. A tentoni raggiungevo la cassapanca che stava contro la parete di fianco al letto, verso l'angolo opposto.

Ero cosciente di disobbedire: mi vietavano quella stanza per ragioni che non mi erano ben chiare. Mi offendevano le risposte evasive, le non–risposte. C'era forse il timore del contagio, non so quanto giustificato. Ma nessuno controllava che rispettassi quel divieto.

La mamma, provvisoriamente impiegata, mentre sarebbe stata insegnante, rientrava soltanto all'ora dei pasti. La nonna era così indaffarata dietro mia sorella Giuliana di un anno, la cucina e in parte la casa che poteva non notare la mia assenza. E poi mi considerava grande.

Nella stanza della zia Maria, salivo sulla cassapanca. Mi ci accoccolavo, incrociando le gambe, in una posizione che mi veniva istintiva, stranamente familiare. Mi contentavo di restare in quell'atteggiamento, silenziosamente, fantasticando.

La zia, malata e immobile nel letto, misteriosamente percepiva la mia presenza, sentivo che se ne rallegrava: lei non sapeva del divieto. Non mi chiedeva di avvicinarmi ma non osava mandarmi via, tanto le era di conforto avermi presente. Stavo bene con lei, anche perché non mi poneva domande oziose, quelle che gli adulti rivolgono ai bambini. Eppure, anche in silenzio, riusciva a comunicare magicamente con me, trasmettendomi immagini, sensazioni.

Altre volte, la sollecitavo: – Raccontami una storia –.

– Quale? –.

– Inventala –.

Nella penombra, il viso della zia formava un'unica macchia bianca sul cuscino. Anche i capelli non avevano un colore definito. Ma la zia possedeva una voce limpida e miracolosamente sana nel corpo malato che si consumava. S'interrompeva a tratti per tossire, ma poi riusciva a riprendere fiato. Dopo un sospiro profondo, la voce usciva limpida e serena, come se l'episodio non l'avesse riguardata, soltanto un po' più lieve e tremula. Io, attenta, non perdevo una sillaba.

Le storie della zia erano fantastiche e non avevano un preciso filo conduttore. Erano le immagini delle lunghe ore di solitudine che prendevano parola e dimensione, diventavano personaggi che, nella penombra, si deformavano, assumevano a volte aspetti allucinanti.

Sgranavo gli occhi e trattenevo il respiro, mi rannicchiavo sulla cassapanca in cerca di protezione. Dietro di me, sulla parete, un arazzo ricamato rappresentava una Madonna col Bambino. Vi aderivo come a voler entrare, in quello stesso abbraccio col Bambino. Mi convincevo di esserci riuscita. Nel tepore rassicurante, mi addormentavo.

Nel sogno modificavo e concludevo a mio piacere il racconto interrotto dal sonno. O forse era la voce sommessa della zia che mi raggiungeva in sogno e, per rasserenarmi, mi regalava un lieto fine.

Entrando nella penombra della stanza, a tentoni, trovai la cassapanca.

Accovacciata come un piccolo Buddha, me ne stetti silenziosa, a lungo; carezzai con la mente immagini fantastiche. Poi, presa ad un tratto dal timore di un mistero che mi era sconosciuto, mi strinsi contro l'arazzo alla parete, cercai il tepore di un abbraccio. Mi addormentai.

Fui svegliata da una luce improvvisa e inopportuna. Solo in quel momento la nonna si accorse di me. Ebbe un sussulto, si affannò: – È tanto che ti cerco! Che cosa ci fai qua? Che idea venire a rinchiuderti qui dentro –.

Ora la finestra era spalancata, la luce era accecante.

– Bisogna dare aria a questa stanza – si agitò la nonna.

Sulla rete metallica del letto, c'era soltanto un materasso arrotolato. La nonna lo sollevò fra le braccia e lo aprì sul davanzale.

– Il sole disinfetta – disse.

Se avessi saputo dare suono ai miei pensieri, avrei domandato quando, e come, e perché, la zia Maria se era andata. O se mai c'era stata. O se di lei fosse esistita, e ancora esisteva, soltanto quella voce lieve e cristallina che dava vita alle ombre e che ora s'erano dissolte nella luce irriverente.

Fiduciosa, sarei tornata di nascosto, disobbedendo alla nonna. E, in seguito, la suggestione m'avrebbe portato a credere che una voce provenisse dall'arazzo alla parete e uscisse dalle labbra della Donna con Bambino, mutandosi in dolcissima cantilena che avrebbe placato l'ansia e sopito i dubbi.

La nonna seguitava a rimbrottare: – Mi domando perché mai una bambina di tre anni viene a rinchiudersi al buio, in una stanza dove non c'è nessuno –.

Parlava a scatti e un po' gesticolava, presa da una sorta di malessere, fatto soprattutto di disagio e simile al rimorso. Anche se Maria, sua sorella, era morta in ospedale, un mese prima, e non in quella stanza, anche se si erano volute bene e fra loro non erano mai corsi dissapori, sentiva fra quelle pareti, una presenza che rimproverava, ammoniva e la escludeva.

Mi esortò: – Vai, corri a giocare in giardino. E che non debba ripetertelo un'altra volta –.

## Terza istantanea

Si avverte un'atmosfera sognante intorno alle tre figure femminili, nella stanza dalle pareti bianche.

– È strano che nessuno di quelli rimasti nella famiglia si ricordi della zia Maria –.

– A me diedero perfino il suo nome...

È come se Maria, soltanto in quel momento, se ne rendesse conto. La bambina la fissa quasi in attesa di una rivelazione. Sospeso nell'aria della stanza c'è un pulviscolo dorato.

Marina, invece, è pronta alla critica, i suoi giudizi non hanno mezze misure, anche se è possibile siano poco obiettivi.

– Ho ritrovato una busta con vecchie fotografie molto sciupate, della bambina. Dietro una di esse, c'è una dedica, scritta dalla madre, come se lo avesse fatto la piccola di tre anni in prima persona: "Alla cara zia Maria, con affetto, Marinella".

– Eppure, quando ho chiesto, mi hanno risposto di non ricordare –.

– È penoso, a volte, ricordare. Per timore del contagio, zia Maria fu isolata e morì sola. Il ricordo è stato rimosso –.

Marina riflette, guarda la bambina, complicità e comprensione nel suo sguardo.

– Potrei affermare che la bambina ereditò dalla zia Maria la capacità di immaginare e raccontare storie –.

La bambina appare assorta in un suo mondo incantato, fuori del tempo.

# VOCI IN CAMICE BIANCO

Non so se fosse un taxi, o un'autoambulanza. Mi era sembrato di avvertire il suono della sirena al suo arrivo, ma poi, salendo, l'auto mi parve lugubre e nera e non bianca, come avrebbe dovuto essere. All'interno, mi posero a sedere dietro, accanto a mia madre, ma non ne ero del tutto consapevole. Ero come un pulcino chiuso dentro un guscio di malessere. Avevo la febbre molto alta. Ogni sobbalzo mi procurava una trafitta lancinante alla testa e al collo.

Mi spiegarono, dopo, che si trattava della tumefazione di una ghiandola linfatica, quindi un'infezione. Un enorme bubbone al collo, non essendo riuscito a farsi strada verso l'esterno, mi si era dilatato a dismisura internamente. Avevo tre anni.

Il percorso era o mi sembrò lunghissimo. Atroce. Poi scendemmo. Qualcuno mi prese in braccio, o forse camminai. Intravidi persone vestite di bianco. Forse avevano un viso, ma ricordo solo le voci. Discorsi estranei e banali. E le risate. Ogni suono mi rimbombava nella testa e nel collo. Una voce in camice bianco disse: – La madre deve stare fuori –.

Intercettai quelle parole, nitidamente. Mi sentii perduta. Mi sollevarono e mi posero sopra una specie di sedia ortopedica. Attorno al collo, un telo che fermarono dietro le spalle, così come farebbe un barbiere.

Nonostante la paura, avevo sprazzi di lucidità. Notai dei ferri che bollivano dentro un recipiente smaltato di bianco. Una voce disse impietosa: – Adesso ti facciamo la festa –.

Un'altra voce rincarò la dose: – Ti tagliamo il collo come ad un agnello –.

Mi parve inconcepibile tanta cattiveria, supposi che scherzassero, tanto più che ridevano. Ma fu ancora più penosa l'idea dello scherzo. Mi sembrò intollerabile che si prendessero gioco di me che stavo così male.

Mi aggrappai al pensiero che la mamma, anche se era rimasta fuori, stesse dietro la porta ad aspettarmi. Sicuramente non avrebbe permesso che mi facessero del male. Ma se, per convincerla le avessero mentito? Tremavo fino al cuore.

Mi bloccarono i polsi e il torace con le cinghie. Un coltello, o un bisturi di fortuna, guidato da una mano estranea, mi si avvicinò. Forse mi avevano fatto un'anestesia locale, non lo ricordo, ero troppo intenta a seguire i movimenti del coltello: erano lenti. Come di scherno.

– Ora ti faccio la festa – ripeté la voce in camice bianco, muovendo il coltello davanti al mio viso.

La lama mi sembrò rovente. Urlai. Disperatamente sperai che la mamma mi sentisse gridare. Ci fu un fiotto di sangue. Lo sentii scorrere caldo sul collo. Allora non era uno scherzo, quindi la mamma lo aveva permesso. Sarei morta. Lei avrebbe pianto? Mi sentivo molto debole, non avevo più la forza di gridare. Nemmeno per quell'ago col filo che si avvicinava. Forse ero già morta: le voci intorno erano un lontano mormorio. Svenni.

## Quarta istantanea

Sembra molto più piccola ora, non ha più quell'espressione straordinariamente adulta. Il visetto le si è come raggrinzito nel ricordo della paura. Le due donne la guardano e si sentono impotenti. È troppo tardi per consolarla.

– Quell'episodio è come un incubo, uno dei tanti che, per anni, popolarono i suoi sogni... Però il fatto è vero e quel medico è esistito –.

– Molti anni dopo, risalii anche al suo nome –.

– L'esigenza maggiore, allora, fu di raccontare tutto alla madre... Si sentì rispondere che era immaginazione, effetto del delirio per la febbre molto alta. Umiliazione quando i grandi non le credevano. O minimizzavano. Inutile parlare. Quando il corpo si ammala, spesso esprime i dolori dell'anima. Ci sono bubboni che nessun chirurgo sa incidere... –.

– A volte ebbe la tentazione di raccontare i segreti dei grandi, per dimostrare che quando parlavano fra loro, sicuri di non essere capiti, lei capiva –.

– Ma non lo fece mai: per non ferire. Troppo si preoccupava di non ferire gli altri –.

La piccola ora stringe le ginocchia con le braccia, tutta raccolta in se stessa in un atteggiamento di difesa. Guarda Maria e aspetta che prenda la parola. Anche chi sta fuori della stanza ha l'ansia che si vada avanti.

# PRIMA DI DORMIRE

La madre raccontava che la figlia aveva pronunciato le prime parole, a sei mesi. Nemmeno Marinella ci credeva.

Raccontava anche del suo pianto prolungato e convulso fino alla cianosi, per ore, quando aveva appena due mesi. Le aveva spillato la carne insieme al pannolino, con una di quelle grosse "spille da balia" che usavano una volta. Quella storia fu raccontata spesso e sempre con grande allegria, come attenuante l'inesperienza della giovane mamma. Marinella, riascoltandola, avvertiva una sensazione di "accapponamento". Ciò che più la disturbava, era il divertimento sia degli ascoltatori sia di chi raccontava

Sua madre avrebbe anche rammentato alle amiche, più volte, di quando aveva fatto mangiare alla lattante delle lumache in umido. Ne era seguita una gravissima gastroenterite con febbre alta e, soltanto dopo molte insistenze del medico, ne avrebbe confessata la causa.

Il sentimento verso sua madre, più che amore, ad analizzarlo oggi, fu innamoramento. La vedeva bellissima, l'ammirava come si può con un'opera d'arte. La considerava anche molto inesperta e fragile, da proteggere.

C'era stato anche il racconto dell'abitudine, fin dai primi giorni di vita, di prenderla a dormire nel letto con sé, tenendola attaccata al seno, così che non disturbasse, piangendo, di notte. E, per confermarle quell'episodio, mostrava una foto, dove appariva una bambina nuda, di pochi mesi, grassa e pelata, orribile alla vista di Marinella che se ne vergognava moltissimo. Nella foto, si vedeva chiaramente che la testa era un po' schiacciata da una parte, per essere stata compressa fra spalla sinistra e seno, ogni notte per mesi. La mamma si divertiva molto, ricordando. Marinella, ogni volta, tentò di convincerla a non esibire la fotografia della "mostruosa" bambina nuda.

Era naturalmente più gratificante quando sua madre asseriva che la figlia aveva parlato prestissimo, prima dell'anno. Ma anche imbarazzo. Per quella precocità troppo spesso decantata, la bambina, in seguito, si sarebbe sentita inadeguata. In diverse altre occasioni, se ne sarebbe stata in disparte a osservare i "grandi" come fossero stati attori sul palcoscenico, durante le prove. Lei l'unico, insospettato spettatore, nascosto nell'ombra. Gli attori recitavano la loro commedia, senza accorgersi di quel testimone che osservava, ascoltava e, silenziosamente, registrava.

Dopo cena, la mamma l'accompagnava a letto. Per Marinella era il momento più bello e sereno, certamente più intimo. Sua madre aspettava che recitasse la preghiera che le aveva insegnata, era orgogliosa che l'avesse imparata, così velocemente, a memoria. O era vanità?

Dopo, commentava: –...la mia bambina così bella e tanto intelligente –.

E, carezzandole i capelli: – La mia "riccioli d'oro"–. Riferendosi all'attrice bambina dell'epoca.

In seguito, quella giovane mamma ne combinò un'altra, quando i capelli della figlia cominciarono a scurire e a diventare lisci. Questo è un ricordo molto preciso.

Portò la bambina dal parrucchiere. Indelebile il ricordo del dolore fisico sotto il casco caldo, come le cicatrici procurate, sia dall'acido per la permanente, sia per la decolorazione e poi per il calore eccessivo.

Mentre la mamma chiacchierava con una conoscente, la piccola aveva gridato:

– Mamma, brucia, brucia troppo! –.

– Ancora un po', bisogna sopportare. Che cosa dice il proverbio? Chi bella vuol sembrare, molti guai deve passare –.

In quell'occasione, capì che sua madre la voleva bella e che, per farle piacere, era giusto soffrire. Sopportò senza un lamento fino alle piaghe.

Quando la mamma e la parrucchiera, togliendole il casco, videro il disastro, la mamma la sgridò concitatamente:

– Dovevi urlare finché non ti davo retta! –.

Come spiegare a sua madre, che per lei, se glielo avesse chiesto, si sarebbe fatta spellare viva? E, in quel caso, le era sembrato proprio che glielo avesse chiesto.

## Quinta istantanea

Nella stanza dalle pareti bianche, la bambina è molto pallida e ha il visetto corrucciato. Teme che, dal racconto di quegli
episodi, la mamma ne esca male. Ha sempre inteso proteggere
sua madre a tutti i costi. E lo farà fino all'età matura. Fino al
momento in cui non ne soffrirà più. Quando il rancore sarà
superato e anche l'impegno del silenzio, preso con se stessa.

– Ho la sensazione che tu, in qualche modo, ti sia nascosta
dietro il silenzio della bambina –.

La bambina, pur mantenendo la posizioni precedente, si è
voltata verso Maria, aspetta una risposta. Il suo sguardo è
inesorabile.

Maria ha un profondo sospiro.

– Non è facile per i pensieri diventare parole –.

– Non è questo che intendo dire. Eri partita dalla "buona-
notte" nella stanza da letto e sei finita nella saletta della parrucchiera... Hai deluso la bambina –.

La piccola seguita a fissare Maria e aspetta.

# IL CANTO DELLA CIVETTA

La stanza da letto si trovava nel mezzanino, sopra la cucina. Appena la piccola chiudeva gli occhi, sua madre le sfiorava la fronte con le labbra e se ne andava, lasciando le porte comunicanti aperte.

Rimasta sola, la bambina spalancava gli occhi nel buio, verso la debole luce che, attraverso la tromba delle scale, le arrivava dalla cucina.

Mai avrebbe confessato alla mamma di avere paura, da quando le era stato detto:

– Sei grande, i grandi non hanno paura del buio –.

Dalla cucina, oltre il filo di luce, le arrivavano anche i discorsi.

– Non lo voglio – diceva la mamma con voce alterata.

– Adesso ce l'hai e te lo tieni – rispondeva la nonna, stranamente autoritaria, almeno per la bambina che conosceva soltanto la sua dolcezza.

– Ma non capisci: "lui" è lontano, c'è la guerra, Marinella ha solo un anno e mezzo, io ho bisogno di lavorare per vivere... Non ce la faccio, da sola, a tirare avanti un altro figlio –.

– Sei sicura di tirarla su da sola, Marinella? –.

– Anche per te, due da crescere, sono troppi –.

– Non ci pensare, è affare mio. Poi è una bambina che dà poco da fare, se ne sta sempre per conto suo. E, quando le spieghi, capisce già come una grande –.

– Se fossi sicura che è un maschio... Invece sono convinta che sarà un'altra femmina. E questa volta sarà brutta. Primo, perché non l'ho voluta e poi perché tutte le notti c'è la civetta che canta dietro la finestra –.

– Non dire fesserie –.

Sicuramente la nonna s'era fatta il segno della croce.

La civetta che, col suo canto, faceva nascere i bambini brutti entrò a fare parte degli incubi di Marinella. Per vincere l'insonnia e difendersi, in parte, dagli incubi che sarebbero seguiti, inventò uno stratagemma. Prima di addormentarsi, fingeva di morire. Anche se non aveva mai visto qualcuno morire.

Si lasciava andare, come uno straccetto e si ripeteva mentalmente, in un ritmo monotono, finché non raggiungeva lo scopo: – Sono un sasso, sono una grossa pietra, cado nell'acqua... Adesso muoio, adesso muoio... –. E s'addormentava.

# Sesta istantanea

Adesso c'è silenzio nella stanza dalle pareti bianche. La bambina sorride enigmatica. Conosce la conclusione della preghiera da lei modificata: "Fai che domattina non mi svegli, tienimi con te, mio buon Gesù".

– In una bambina così piccola, tanta infelicità. O forse presentimento di infelicità –.

– Ci fu disperazione nel suo primo vagito –.

In Maria si ripresenta il concetto di metempsicosi.

– C'è chi pensa che le anime più vecchie, o antiche, conservino sprazzi di memorie passate. Ciò che le fa più disperare è il ricordo dell'intervallo di tempo fra una vita e l'altra, in altra dimensione. Quando sono costrette a tornare per completare il ciclo, non sempre sanno accettarlo. Anche il ricordo fa parte delle prove da superare. È la prova più dolorosa. Vero, o non vero: la verità sta sempre nel mezzo ed esistono molte verità, non per questo una esclude l'altra. La Verità assoluta è soltanto quella divina e forse tutte le altre finiscono per confluirvi insieme –.

– È un'ipotesi affascinante – commenta Marina. Sa che le altre due attendono il suo racconto e tenta di rimandare.

Anche in chi sta all'esterno della stanza c'è turbamento e insieme il desiderio di sollecitare il seguito della storia.

# SOLIDARIETÀ

Fu una figura nebulosa, che sarebbe diventata un ricordo vago e breve quanto un sorriso, il nonno. Di statura media, capelli radi e bianchi, occhi azzurri. O forse gli occhi li aveva castani e non azzurri. Stava quasi sempre seduto accanto alla cucina economica accesa. Uomo del sud soffriva il freddo del rigido inverno del nord. Spesso si appisolava.

Una volta si addormentò, tenendo sulle ginocchia la mia sorellina di un anno, reclinò il capo e allentò le braccia. La piccola ebbe l'avvertenza, cadendo, di mettere le mani avanti che toccarono la piastra infuocata. L'urlo svegliò il nonno. Ci fu un gran correre in cucina, parole concitate della nonna, il pianto singultante di Giuliana.

Io, in disparte, giudicavo. Mi pareva che non avesse colpa il nonno.

Il vecchietto aveva anche un'altra abitudine: annoiandosi, mangiava di continuo. Più che appetito era una forza irresistibile, una reazione all'inesorabilità, una vendetta, un estremo impulso vitale.

Arteriosclerosi, solitudine, malanni che si sostengono a vicenda. Hanno come minima consolazione, o palliativo, la settimana enigmistica, il romanzo letto e riletto e subito dimenticato, l'album delle vecchie fotografie a richiamare memorie lontane che riconducono all'infanzia.

Il nonno si consolava mangiando.

Se la colazione, o il pranzo, erano già pronti, non lo si poteva lasciare solo in casa: ripuliva perfino il fondo dei tegami.

Alla nonna insegnarono a cucinare i ranocchi in umido. Spellati e puliti, con le coscette bianche nell'intingolo, piacquero a tutti, escluso il nonno. Solo a vederli mangiare, boccheggiava dal ribrezzo.

Sembrò una soluzione ottima, cucinare i ranocchi perché la cena fosse pronta al ritorno, se dovevano uscire tutti, lasciando il nonno solo.

A me parve eccessivo e un po' crudele tramare simili intrighi alle spalle di quel vecchio bambino, così ingenuo e indifeso. Provavo per il nonno una pietosa tenerezza che mi suggeriva di mettermi dalla parte di lui. Avevamo in comune l'innocenza, quella che, ad un certo punto della vita, si perde, per ritrovarla nella vecchiaia.

Una sera, rientrammo dall'aver fatto spese in centro. Il nonno, che era, come al solito, rimasto solo in casa, sedette malinconicamente davanti all'insipido piatto di semolino all'olio, dieta suggerita dal medico. Faticava a mandare giù quella *pappetta*, inoltre era strozzato dal disgusto per lo spettacolo di quelli che andavano in solluchero per i ranocchi.

D'impulso, invitai: – Nonnino, vuoi assaggiarne uno? –.

Alcune volte compivo di proposito azioni ribelli, consapevole del fatto che gli altri mi ritenessero bambina e quindi irresponsabile.

Porsi il mio piatto. Gli altri intorno si scambiarono un'occhiata allarmata; il nonno ebbe una smorfia stravolta.

– Ti prego, nonno, una coscetta sola. Guarda com'è bianca e tenera...–.

– Marinella, lascia in pace il nonno – mi rimproverò la mamma. E mi toccò col piede sotto il tavolo, perché intendessi. La ignorai, fingendo di non capire.

– Sentissi che delizia, nonnino! Fossero schifosi non li mangerei, ti pare? La mamma non me li farebbe mangiare, non credi? –.

Il ragionamento era piuttosto convincente, la mamma seguitava a darmi inutili calcetti, sotto il tavolo.

Il nonno concesse uno sguardo incerto al ranocchio che ora gli tendevo.

– Dai, nonno, fallo per me. Dopo, io assaggio il tuo semolino –.

Mi arrivò anche un pizzicotto.

Seguitai imperterrita: – Ti prego, nonno, se proprio non ti piace, poi lo sputi. Fallo per me, nonnino –.

Il nonno cedette alla dolcezza dell'invito perché riconobbe nella mia voce l'accento della tenera solidarietà.

Una coscetta di ranocchio, due... Il nonno assaporò, socchiuse gli occhi.

– Buoni – disse – Ha ragione la bambina, veramente squisiti –.

La nonna sospirò e servì un piatto di ranocchi anche a lui che si mise a spilluzzicare, beato.

Sotto il tavolo, per imitare i grandi, gli toccai un ginocchio con la mano, in segno di intesa. E sperai capisse.

## Settima istantanea

La bambina sta sorridendo, adesso, nella penombra della stanza. Le due donne la osservano, piacevolmente sorprese. Dunque sa sorridere.

– Il rapporto con i nonni fu sereno ed amò moltissimo la nonna –.

– Perché sapeva riconoscere in lei sia l'adulta che la bambina. La nonna fu l'unico punto fermo della sua infanzia, la piccola di lei si fidava.

Nella stanza si è diffuso un odore lontano e familiare, di biscotti che cuociono nel forno.

– Quando la nonna decideva di fare i biscotti, la nipotina si piazzava in cucina e non perdeva di vista il più piccolo movimento, o particolare –.

– Aveva una pazienza infinita per le domande di Marinella. Poi le dava una porzione della pasta cruda e una piccola teglia perché anche lei potesse preparare i suoi biscotti.

– La nonna sapeva anche lavorare bene a maglia. Marinella si incantava a seguire il movimento dei due ferri da lana che si inseguivano fra le maglie, rapidissimi.

La piccola chiedeva: – Fammi provare, nonna –.

– Uno di questi giorni, ti faccio provare –.

Marinella, nella stanza dalle pareti bianche, al ricordo, ha un'aria impermalita. Non le sembrava in carattere con la condiscendenza della nonna quel rimandare per tenerla buona.

– Accadde che quel lavoro a maglia, un giorno, rimanesse incustodito. La bambina non si fece sfuggire l'occasione, ne approfittò.

– Fu un vero disastro –.

– Ma la nonna non la rimproverò. Si sfilò due forcine dai capelli che portava a crocchia, le raddrizzò con una pinza e quelli furono i primi ferri da calza della bambina.

– *Era una persona veramente eccezionale, impossibile non amarla –.*

*Dalle persiane accostate, entra una luce soffusa, illumina il volto delle tre figure femminili nella stanza. Si insinua fra i loro capelli, dà come un effetto di trasparenza.*

# LE DOMANDE SENZA RISPOSTA

Suo padre era tornato per pochi giorni di licenza, ma in casa non c'era allegria, c'erano soltanto grandi mutismi. Dai discorsi dei "grandi" aveva capito che nella grossa panciona della mamma doveva esserci o un fratellino o un sorellina, ma che, per colpa del "canto della civetta", la mamma non era contenta. Lo dimostravano anche i discorsi sommessi e ostili dei suoi genitori. Una sera, a tavola, suo padre propose alla mamma di andare al cinema.

La mamma non gli rispose, eppure Marinella sapeva che il cinema le piaceva e c'era andata, a volte, di nascosto alla nonna.

– Porta a letto la bambina e preparati – insistette il padre. Aveva spesso quel tono autoritario, specialmente quando indossava la divisa.

In camera da letto, la donna aiutò la piccola a spogliarsi, la mise nel letto matrimoniale dove, praticamente, la bambina aveva sempre dormito fin dai primi giorni di vita. Con sua sorpresa, anche la mamma si spogliò ed entrò nel letto con lei.

– Non dovevi andare al cinema con papà? –.

L'altra la zittì col dito davanti alle labbra.

– Fai finta di dormire – le intimò.

Quando sentì i passi del padre per le scale, Marinella cercò di stringere gli occhi, ma il cuore le batteva così forte che certamente papà l'avrebbe sentito. Quel che accadde nei minuti che seguirono fu talmente veloce e inaspettato che è difficile raccontarlo. Le sembrò una specie di terremoto, tale da far tremare la casa. Si ritrovò per terra sopra il materasso trascinato a forza da suo padre. La mamma invece era finita fuori del materasso, sul pavimento, con la grossa panciona all'aria.

– Non ho voglia di venire al cinema – si giustificava, molto spaventata.

– E perché non l'hai detto prima? – urlava suo marito.

– Io, giù, ad aspettare come un cretino –.

Silenziosamente, arrivò la nonna, prese in braccio Marinella e la portò via, a dormire con sé.

In seguito, fu un terribile gioco, molto crudele, proposto dalla mamma, nelle occasioni in cui voleva confidarle i suoi dispiaceri ed esserne consolata.

– Quando siamo sole, ma non dirlo a nessuno, tu sei la mia mamma ed io la tua bambina –.

Soltanto nella maturità della vita, Marinella avrebbe accettato di ammettere la tragicità di quel gioco che, da principio, le era sembrato perfino divertente. Ma, con gli anni, diventò una consuetudine, ogni volta che la mamma pensava di farsi perdonare qualcosa, o di ottenerla. Marinella avrebbe finto di credere, per lunghissimo tempo, che si trattasse soltanto di un gioco.

Sì, il loro rapporto fu, sia nelle parole che nel comportamento, quello di madre–figlia: in proporzione inversa.

La giovane donna, quando usciva di casa, fuori dall'orario di lavoro, portava sempre con sé la bambina, altrimenti la nonna avrebbe fatto storie.

Di un episodio, Marinella conservò un ricordo molto sgradevole, ma poco nitido, forse perché aveva cercato di cancellarlo dalla mente. Quindi è difficile risalire alla sua età, è probabile che fosse già nata Giuliana, o più tardi, verso i quattro anni, prima che nascesse il fratellino. È certo un ricordo meno preciso dei precedenti.

Sa che entrarono in una casa dove, di sicuro, c'erano un uomo e due bambini, probabilmente padre e figli. Nella memoria della bambina, non c'è la visione di una moglie o di una madre.

Fu lasciata sola a giocare con quei bambini. Giocarono "ai dottori", al plurale perché loro erano due e la malata una sola.

I "dottori" dissero: – L'ammalata è molto grave e deve essere operata –.

Le spiegarono che il paziente, sul lettino operatorio, viene legato, quindi la sdraiarono sopra un tavolino basso che si trovava fra divano e poltrone di un piccolo salotto. Le legarono le mani e i piedi alle gambe del tavolino. Le vennero in mente gli uomini in camice bianco che le avevano tagliato il collo, che l'avevano legata, ma non sdraiata. E, comunque, lei si fidava perché c'era stata la raccomandazione della mamma:

– Gioca con loro, non fare la bisbetica, come fai sempre tu –.

Uno dei due ragazzini tirò fuori un "temperino", l'altro, il più grande, prese in mano un tagliacarte. Il proposito di non fare la "bisbetica" cadde, sopraffatto dalla preoccupazione.

– Non mi piace questo gioco –.

– L'ammalata non parla perché è addormentata– risposero.

Cominciarono a farle scivolare di piatto il temperino sulle braccia, poi sempre più di punta fino a graffiarla. Infine, il più grande decise: – Adesso sarà meglio vedere come sta la pancia –. E si avvicinò col tagliacarte.

Marinella urlò di liberarla. Quando il più piccolo le si avvicinò al viso con il temperino, tirò fuori tutto il fiato che aveva in gola, la voce le uscì di molti toni sopra il normale, acutissima.

Il maggiore dei due, che col tagliacarte le toccava la pancia, tentò di metterle una mano sulla bocca, ma lei gliela morse. E, finalmente, prima che accadesse il peggio, accorse la mamma, insieme al padre dei bambini. La bambina aveva graffi sulle braccia, le gambe e la pancia, eppure quei ragazzini non furono sgridati come meritavano. Le sembrò anche che la mamma stesse troppo zitta, senza difenderla, ma il ricordo è troppo sfumato.

L'uomo disse. – È una bella bambina, somiglia tutta alla mamma. E i miei figli sono "maschi", come il padre –.

Se ne andarono in fretta e furia, la mamma la strattonò per un braccio, come se ce l'avesse con lei.

Per la strada, la donna pedalava in bicicletta e sua figlia stava seduta dietro sul portapacchi. Per qualche minuto, stettero in silenzio, poi la madre disse. – Non raccontarlo alla nonna, altrimenti ci sta male –.

– E se mi vede i graffi? –.

– Ti metterò una camicetta a maniche lunghe e anche calzini lunghi –.

– Ma se mi vuol fare il bagno? –.

– Le dirai che hai la tosse e io ho detto di non farlo –.

Rimase silenziosa, era ancora sconvolta per quanto era accaduto e le parole della mamma non la convincevano, allora la donna cambiò sistema.

Parlò con la vocina infantile, piccola piccola, come quando "giocava": – Mammina, per piacere, non dirlo alla nonna, sennò mi sgrida tanto ed io piango –.

Marinella, nella parte di mamma, non seppe resistere e promise il silenzio totale su quel pomeriggio.

Avrebbe voluto chiedere chi fosse l'uomo e chi fossero quei ragazzi, dove fosse finita la loro madre e la ragione dell'essersi trovate loro due in quella casa. E, soprattutto, perché la mamma l'avesse lasciata sola con quei ragazzi cattivi.

Quelle domande senza risposta le sarebbero rimaste dentro per sempre.

## Ottava istantanea

*Nella stanza dalle pareti bianche disadorne, la bambina ha un'espressione molto grave e matura, infinitamente triste. Ricordare le costa molto perché dà un'immagine troppo negativa di sua madre. Malessere e sospetti nell'adulta che c'è in lei.*

*A distanza di tempo, si può intuire che la sola idea di una qualsiasi colpa della madre la facesse star male. Perfino un semplice sospetto venne ogni volta rimosso e, dovendo fra i due genitori scegliere un colpevole, questi diventò suo padre. Soltanto, dentro di sé, seguitò ad amarlo ancora per molti anni, nascondendo alla mamma quel sentimento diventato proibito, insieme alla speranza di un ritorno alla normalità.*

*Le colpe di suo padre, certamente alcune molto gravi, le conobbe dal racconto di sua madre che gliele confidò fin dalla prima infanzia, per farsi un'alleata. Direttamente conobbe soprattutto le scene violente, sconvolgenti e improvvise, delle quali evitava di conoscere la causa, nel timore di trovare una qualche plausibile spiegazione che la riconducesse a sua madre.*

*E comunque sarebbe stato impossibile accettare due colpevoli, piuttosto che uno solo, senza morirne di crepacuore, lei che ogni sera pregava Gesù di farla morire. Preferì l'idea della madre vittima, da amare e proteggere ad ogni costo. La complicità, che a volte le fu chiesta, fu meno dolorosa della condanna di entrambi i genitori.*

*La mamma cercò di insegnarle a mentire e fingere con gli altri, senza troppo successo. In seguito, Marinella imparò soprattutto a mentire e fingere con se stessa, nell'illusione di soffrire meno.*

*Quando le tre figure femminili nella stanza sono in silenzio è perché i pensieri diventerebbero parole troppo pesanti. C'è sofferenza fra quelle pareti bianche. La avverte anche chi sta sulla porta ad osservare.*

# FU GELOSIA?

Di Giuliana, mia sorella, nell'infanzia, ho pochi ricordi. Non fummo amiche mai, nonostante l'affetto. Mancò fra noi la confidenza, mancarono le amicizie comuni. Forse qualche volta l'affetto fu guastato dall'incomprensione, fu turbato dalla gelosia. Dico "forse", perché non sono del tutto sicura. L'ipotesi della mia gelosia contrasta troppo con il sentimento di protezione che mi spingeva a difenderla.

Può essere più comprensibile, se ci fu, la gelosia di mia sorella che, qualche volta negli anni, fu dispetto, mai, spero, invidia.

Del resto, ciò che distinse Giuliana, nel tempo, fu l'eccessiva generosità, spesso irragionevole e sconsiderata, fatta di testarda credulità, o desiderio di accattivarsi lodi e simpatia. Di me forse fu gelosa perché la mamma mi prediligeva, senza nasconderlo. Ero la "più grande", anche se la differenza di età era minima. Gli adulti di casa mi trattavano alla pari, consentendomi quelli che a Giuliana potevano sembrare privilegi ed erano invece malinconie.

Ci insultavamo con vocaboli di uso comune. Aveva cominciato Giuliana ed io mi divertivo molto ad assecondarla e a provocarla.

– Armadio –.

– Sgabello –.

– Tavolo –.

– Lampada –.

Io, logicamente più padrona del vocabolario, la precedevo, soffocandole le parole in bocca, prima che riuscisse a formularle. Però, ad un tratto, riuscì a precedermi e mi superò nell'enfasi. Paonazza per la stizza e per lo sforzo di concentrazione, mi gridò:

– Marinella vasetto, pipì, cacca!! –.

Ne fui sbalordita, percepii il suo desiderio di insultarmi nel peggiore dei modi, ma non mi offesi. Quando la mamma raccontò quell'episodio alle amiche, lei che era solita rammaricarsi di Giuliana, io ne fui soddisfatta come per un successo mio. Per questo motivo dubito della mia gelosia.

Una notte ebbi un incubo terribile. Sognai che la nonna e Giuliana erano entrate, non so come, dentro la stufa a legna accesa. Dallo sportello trasparente le vedevo dimenarsi, contorcersi e tendere le mani, invocando aiuto, mentre il fuoco le avvolgeva. Non avendo mai vissuto un'esperienza simile nella realtà, non so come potessi sognarla in modo tanto realistico.

Impotente e sconvolta, le vedevo accartocciarsi e sparire. Soffrii molto per quel sogno. Al risveglio, piansi. Sempre di nascosto, come ho sempre fatto. Mi rimase, dopo il sogno, il senso di colpa e di rimorso per non essere riuscita a salvarle e, nello stesso tempo, il sospetto di un'inconfessabile gelosia. Freud insegna. Desideravo forse vendicarmi dell'affetto della nonna per Giuliana?

Giuliana, piccolissima, era scomparsa. Molte voci la chiamavano intorno casa, nei giardini vicini e nei campi, pensando che si fosse allontanata e perduta, forse peggio. Io, sola in casa, pregavo a modo mio e concludevo molto drammaticamente: "Fai che non sia morta, mio buon Gesù" già convinta che lo fosse.

Tuttavia, seguitavo a perlustrare gli angoli più reconditi della casa, dove gli adulti avevano già cercato. Tentavo di intuirne dei nuovi, i meno prevedibili, spinta da un'ansia incontrollabile.

E la trovai. Dormiva dentro la cesta dei panni da stirare, nel sottoscala. M'ero ricordata che, in quella cesta, pochi giorni prima, c'ero entrata io e da lì l'avevo chiamata, ridendo perché lei non riusciva a capire da dove provenisse la mia voce e ne ero saltata fuori come un pupazzo da una scatola a sorpresa. Giuliana si era molto divertita a quello scherzo.

Nessuno mi lodò per averla ritrovata.

– Ma come hai fatto a capire che stava là? – chiese la mamma.

M'era parso divertente spiegare e raccontare, ma la risposta mi raggelò.

– Allora è stata colpa tua, se siamo diventati pazzi per tutte queste ore –.

Rebecca, la secondogenita della vicina di casa, amica della mamma, assalì Giuliana e le graffiò il viso a sangue. Pare che Giuliana avesse toccato, forse un po' sbatacchiato, una bambola di Rebecca, rimasta incustodita nel cortile.

Ci fu un gran correre e grida concitate.

– Poteva levarle gli occhi, poteva – diceva mia madre.

La mamma, prese in braccio Giuliana e la portò in casa per disinfettare le ferite sanguinanti. Io rimasi in cortile, non so se di proposito. Era estate e le finestre erano aperte. Così sentii la signora Frani riferire al marito che, alle grida, non s'era nemmeno mosso di casa.

– Tu vedessi in che stato, tutto il visino rovinato. Poteva davvero levarle gli occhi –.

– Quegli occhi bovini, sai che danno – rispose odiosamente l'uomo. Mi sentii ribollire dallo sdegno, forse l'odiai. Se la mia sorellina aveva gli occhi bovini, la sua Rebecca era né più né meno che la brutta copia di una scimmia, piccola e pelosa.

Non ebbi il coraggio di raccontare alla mamma il commento del signor Frani, ma non fui comunque capace di ignorarlo.

La signora Irma pacificò l'incidente con: – Che vuoi, sono cose da bambini. Non vorrai sciupare l'amicizia per una bambinata! –.

Fra loro due, pace fu fatta, ma io non perdonai così facilmente. L'offesa a mia sorella, le parole più che i graffi, mi bruciò talmente che meditai di vendicarmi.

Ma la coscienza mi impediva di infierire su Rebecca coetanea di Giuliana, sarebbe stato uno scontro impari. Dovevo vedermela con Isabella, se volevo pareggiare i conti. Isabella aveva la mia età e, manco a dirlo, non mi era simpatica. Per essere esatta, nonostante l'amicizia delle nostre madri, ci detestavamo e ce lo dimostravamo, il più delle volte, ignorandoci. Le cause dell'antipatia erano infinite, alcune banali, altre più nascoste e importanti. Una causa erano... i capelli.

I miei capelli, nati misteriosamente biondi, tendevano inevitabilmente a scurirsi, nonostante la mamma li nutrisse a camomilla e che una volta mi avesse anche ustionato per decolorarmeli. Che la mamma tenesse tanto a mantenere biondi i miei capelli, mi mortificava perché ero costretta a deluderla. I capelli di Isabella erano invece discretamente biondi e mia madre li lodava spesso in mia presenza. Inoltre la signora Irma, spesso modificava il nome della figlia chiamandola affettuosamente "Bionda".

Però, io pensavo, i miei capelli erano morbidi e ricciuti e quelli della mia rivale, lisci e ispidi, come inamidati. Sua madre se ne rammaricava con la mia. Io, invece, glieli invidiavo da impazzire e, non è detto che Isabella non invidiasse i miei.

Altra causa di antipatia: Isabella possedeva una bicicletta, a me sarebbe piaciuto moltissimo averne una. Lei la ostentava, pedalandomi sotto gli occhi e domandandomi, ogni volta come fosse stata la prima: – Tu non ce l'hai, la bicicletta, vero? – con la voce cantilenante.

In una successiva occasione, fu Isabella a provocarmi, infatti la mia aggressività era più mentale che fisica. E ciò vale per tutti i timidi, penso.

Le avevano regalato una piccola scopa. Venne a spazzare nella "mia" parte di cortile, sollevando la polvere.

– Perché spazzi qui, va vicino alla tua porta – protestai.

– Io spazzo dove mi pare –.

Poteva essere una sufficiente provocazione, ma non bastò, nonostante che il desiderio di reagire fosse forte. Arrivò perfino a spazzarmi i piedi di proposito, ma ancora non mi mossi.

– Stai attenta – minacciai.

– Non l'ho fatto apposta – si giustificò, ma le ridevano gli occhi maliziosamente. Doveva proprio considerarmi una succube nata, una che avrebbe tollerato, per il divertimento altrui, qualsiasi prepotenza. Con questa convinzione, sempre di proposito, mi urtò energicamente col manico della scopa. Le saltai addosso. Le afferrai saldamente gli steccoluti capelli e tirai, anzi mi ci attaccai con tutto il peso del corpo, piegandomi sulle gambe con l'idea di spenzolarmi. Cadde ed io finii a sedere per terra, con lei addosso. Non fu del tutto piacevole, ma ormai due grosse ciocche di capelli m'erano rimaste dentro i pugni stretti. L'avevo parzialmente scotennata.

Volli prendermi la soddisfazione di rammentarle: – Te l'avevo detto di stare attenta –.

Non vi dico i suoi urli, strazianti. Appunto quelli di una scotennata. Corse sua madre, corse anche la mia. E la nonna e le nostre sorelline ci guardavano allibite. Giuliana aveva ancora il viso segnato dai graffi di pochi giorni prima. Ostentando disgusto, lasciai cadere di mano le ciocche di capelli.

– Ma guarda che cosa le ha fatto, è una pazza scatenata, tua figlia! – gridò la signora Irma.

Gli occhi di mia madre andarono inevitabilmente al visetto di Giuliana, in silenzioso confronto. Però mi chiese: – Che cosa ti è saltato in mente? –.

– Mi ha spazzato i piedi e picchiato col manico della scopa –.

– Non l'ho fatto apposta – singhiozzò Isabella.

Sua madre aspettava soddisfazione e, in qualche modo, anch'io mi sarei aspettata una delle solite ingiuste punizioni.

– Non vorrai sciupare l'amicizia per una bambinata – disse invece la mamma. Dentro di me esultai, avrei voluto dare la stessa risposta.

L'altra dovette arrendersi.

Giuliana intanto si era accoccolata per terra a raccogliere i capelli di Isabella, come fossero stati fili d'erba. Ne fece un mazzetto e lo porse, conciliante, ad Isabella, come per restituirglieli.

## Nona istantanea

*Nella stanza dalle pareti bianche disadorne, la bambina sta in disparte, come è sempre stata sua abitudine.*

*Anche Marina adesso ha trovato un suo cuscino come quello di Maria; sono sedute l'una di fronte all'altra. C'è meno disagio, nel loro atteggiamento, c'è più solidarietà.*

*La bambina dà segni di impazienza, legge nei pensieri delle due donne come del resto loro leggono nei suoi.*

*– Fra Marinella e Giuliana forse non ci fu gelosia, ma ci furono sempre "il canto della civetta" e il sogno "della stufa accesa".*

*– La bambina aveva sensi di colpa. Verso sua madre e verso la sorellina. Bisognerebbe fare capire agli adulti i conflitti della mente di un bambino. Il rispetto. È importante capire quanto possa essere adulto un bambino.*

*Marinella, seduta sul cuscino, nel suo angolo, ha un profondo sospiro. Il suo timore, osservando i cosiddetti "grandi", è quello di diventare come loro.*

# LA PRIMA BICICLETTA

Stetti a guardarla per tutta la mattina, la bicicletta rossa. La trainai a mano, senza osare di salirci sopra, sebbene il desiderio fosse tanto forte da lustrarmi gli occhi e darmi il batticuore.

Avevo tanto desiderato una bicicletta mia, ne avevo avuta una in prestito. La mamma non aveva potuto offrirmi di più.

– Ricordati che è soltanto un prestito. Puoi tenerla a patto che, alla fine dell'estate, tu la restituisca senza fare storie –.

Non ero stata troppo a sottilizzare. Avevo a disposizione una bicicletta di giuste dimensioni. E l'estate mi sembrava lunga.

– Ti bastano tre mesi per imparare ad usarla? – scherzò la mamma.

Tre mesi! A me pareva che bastasse salirci per volare!

La nonna mi osservava dalla finestra. Fraintese la mia esitazione. Chiamò Giovanna, una ragazzetta che veniva ad aiutarla nelle faccende di casa, che avrebbe cioè dovuto aiutarla. Passava comunque tutta la giornata da noi.

– Giovanna, te la senti di insegnare a Marinella ad andare in bicicletta? –.

L'altra esitò. L'impresa non doveva sorriderle troppo. Troppo faticoso con quel caldo.

– Se le insegni, ti faccio un regalo –.

A quelle condizioni, Giovanna acconsentì. Non avevo simpatia per lei. Ne ero gelosa. Era venuta da noi per dare aiuto alla nonna, ci stava per sua comodità. La nonna, praticamente, l'aveva adottata. Le risparmiava i lavori più ingrati, la nutriva con piatti speciali, particolarmente sostanziosi; le preparava merende appetitose fuori programma. Giovanna, in due mesi, era cresciuta sei chili. Inoltre la nonna la vestiva. O le cuciva, lei stessa, i vestiti più semplici. O la mandava dalla sarta.

Giovanna, in quella straordinaria situazione, si adagiava placidamente. Tentava di dimostrarsi più attiva, soltanto quando la mamma tornava dal lavoro. Con lei diventava sollecita e premurosa.

Per la verità, il lavoro della nonna, con Giovanna in casa, era molto aumentato. D'altra parte, capivo, sia pure inconsciamente che, per la nonna, dare, voleva dire sentirsi viva, quindi, solo per non procurarle un dispiacere, non mi lamentavo con la mamma.

In quella particolare circostanza, però, mi indispettii più che in altre occasioni. Era inconcepibile che, se fossi riuscita ad imparare ad andare in bicicletta, impresa che mi sembrava degna di merito, l'altra sarebbe stata premiata.

Giovanna ripose: – Va bene. Le insegnerò verso sera, col fresco –.

Di solito, la ragazza, dopo aver asciugato i piatti alla nonna che li rigovernava, andava a dormire per un paio d'ore.

Dormivano: la nonna, la mia sorellina, Giovanna. Sgattaiolai fuori in cortile. Sollevai a braccia la bicicletta fino al cancello, per evitare ogni minimo rumore. Uscii per strada. Era una strada a fondo chiuso, senza pericoli, nessuno di coloro che vi abitavano possedeva un'auto. E, in quell'ora calda, i più dormivano.

Avevo osservato tante volte i bambini che andavano in bicicletta. Avevo studiato i loro movimenti con grande attenzione. Bastava imitarli, mi dicevo. Ero piccola, come può esserlo una bambina di quattro anni, ma avevo, grande, un orgoglio caparbio. Salii. Disposi i pedali nella giusta posizione, uno più alto per dare il primo impulso. Partii. Appena un giro di pedale ed ebbi di nuovo i piedi a terra. Ci vuole più forza, pensai. E devo pedalare più in fretta.

Controllai che nessuno mi osservasse. Ogni casa aveva le persiane chiuse, per evitare il sole delle ore più calde. Allora via, con impeto. Forse pedalai per una decina di metri. Però non andai diritto, né sapevo come frenare. Fu tanto l'entusiasmo di riuscire a pedalare in equilibrio, al secondo tentativo, che trascurai altri particolari. Finii contro un portone, a tutta spinta. Mi sbucciai le ginocchia, non so la bicicletta. Che fosse in prestito non volli rammentarlo. Mi ritenni fortunata che l'urto contro il portone non avesse svegliato gli abitanti della casa. Ero contenta di quella seconda prova: un risultato più che soddisfacente. E allora via, per la terza volta!

Non ricordo quante volte cascai, né quanti lividi e graffi mi procurai. Ricordo solo la mia esaltazione. Ero felice.

Mi proponevo di aver imparato per bene per le quattro, l'ora in cui mia madre rincasava. Le sarei andata incontro, le avrei detto:

– Hai visto come ho imparato presto? –.

Avevo imparato, ma ero distrutta dalla stanchezza. Mi ero seduta all'ombra, sopra uno scalino, aspettando di vedere apparire mia madre all'inizio della strada. Quando la vidi, mi tremarono le gambe per l'emozione. Alla prima pedalata barcollai; poi, più sicura, le andai incontro.

Si meravigliò: – Chi ti ha insegnato? –.

– Ho imparato da sola –.

– Come, da sola? –.

In casa la nonna s'era alzata. Giovanna si stava preparando l'ennesimo panino.

– È vero che la bambina ha imparato da sola? –.

– Da sola, che cosa? –.

– Ad andare in bicicletta –.

– Sì che ho imparato da sola, mentre dormivate –.

Giovanna trasalì di dispetto, ma non si perse d'animo.

– Le ho insegnato io – mentì.

– Che cosa?! – urlai – Ti sei alzata adesso e lo sai bene. Sei ancora spettinata e hai gli occhi gonfi. Sei una bugiarda, sei! –.

– Oggi non sono andata a letto perché non avevo sonno, invece. E ti ho insegnato –.

La nonna ci osservava perplessa. Io ero tutta accaldata e sudata, per lo sforzo sostenuto sotto il sole. Giovanna era placida e rosea, ben riposata. E poi aveva detto che mi avrebbe insegnato la sera, col fresco. Imperturbabile, volle insistere nella sua versione, tanto chi credeva ad una bambina di quattro anni!

– Sei una bugiarda – urlai di nuovo, fuori di me – Vuoi il regalo che la nonna ti ha promesso, anche se non mi hai insegnato –.

E che fossi sincera anche un cieco l'avrebbe capito, date le condizioni della bicicletta e mie. Nonostante ciò, Giovanna ebbe il suo regalo. La nonna glielo fece per non mortificarla, spiegò. E ne fece uno anche a me per rabbonirmi.

I giorni felici passano in fretta. L'estate fu una ventata e basta. I proprietari, tornati dalla lunga villeggiatura, vennero a riprendersi la "mia" bicicletta.

La mamma mi avvertì: – Mi raccomando, comportati da bambina ragionevole. Ricorda i patti. Sapevi bene che la bicicletta non era tua, non fare scene –.

Era difficile accettare la realtà. La mia compagna inseparabile di un'estate intera non mi apparteneva. Quando venne il momento, andai a nascondermi nella legnaia. Non avrei potuto reggere a vedermela portare via. Non volevo piangere, ma un dolore sordo mi stringeva la gola, mi strangolava. La mamma mi chiamò molte volte perché voleva che ringraziassi. Sentii che, nel congedarsi, si scusava.

– Sono mortificata, non so perché si sia nascosta. Di solito, si dimostra ragionevole e ben educata, ma oggi certo si è comportata male. A volte, è una bambina così strana... Mi dispiace –.

– Ma no, ti pare, i bambini hanno queste reazioni imprevedibili... –.

Mi morsi le labbra e mi tappai le orecchie. Mi bruciavano gli occhi, ma non piansi. La mamma, dopo, mi avrebbe rimproverata per la brutta figura che le avevo fatto fare. Neanche se mi avesse aperto il petto, le avrei dimostrato il mio grande dolore. I patti sono patti.

## Decima istantanea

La bambina ha lo sguardo particolarmente luminoso, è meno pallida del solito. Immagini sfocate e insieme nitide delle tre figure nella stanza. Il rancore verso Giovanna...

Marina interviene, la sua voce è acuta e battagliera.

– Voleva contestare la menzogna e l'ingiustizia. Anche per me è impossibile accettare che ci si appropri dei meriti di altri –.

Maria invece s'intenerisce.

– Si nascose per piangere. La sua forza, sempre, fu l'orgoglio. Imparò, nell'arco dei due giorni seguenti, a servirsi della bicicletta di sua madre. Volle dimostrare che, pedalando in piedi, anche se occorre maggior equilibrio, lei era perfettamente in grado di riuscirci e, dopotutto, anche se scomodo, può essere divertente –.

– Avevo dimenticato di aver già scritto quel racconto. È un bel ricordo dopotutto – riflette Marina.

Guardano la bambina per carpire un minimo segno di approvazione, ma la piccola è impaziente. Aspetta che si parli ancora della nonna.

# NON REGALARE LA ROBA D'ALTRI

Il postino suonava il campanello di casa in modo convenzionale: un suono lungo e due brevi, per tre volte, quasi una fanfara. Così capivamo che c'era posta per noi. Di solito, la nonna mandava me, o correvo senza che me lo chiedesse, specialmente quando speravo che fosse una lettera del babbo. Qualche volta era la nonna ad affrettarsi, se aspettava una lettera dello zio Michele.

Lo zio Michele era il più affettuoso dei suoi figli. Le scriveva spesso e, almeno un paio di volte l'anno, veniva a trovarla. Non è poco, considerando che lui viveva in Sicilia e noi in Romagna. Chissà perché non era in guerra anche lui, come mio padre e tanti altri.

In seguito, il postino modificò, colmo della raffinatezza, lo squillo del campanello, a seconda del mittente. Era un uomo molto gioviale e sembrava ci tenesse, a strappare un sorriso alla nonna. Parlava in rima, o storpiava di proposito le parole, o improvvisava qualche esercizio di agilità.

– Sono sessant'anni suonati, ma sempre in gamba! – si compiaceva.

La nonna, abitualmente tanto riservata, finiva per sorridere, così l'altro si sentiva incoraggiato a improvvisare qualche nuovo spettacolo.

Un giorno che tardammo ad andare al cancello, il portalettere si avvicinò alla finestra di cucina. La nonna stava sfornando certi suoi deliziosi biscotti, "dolcissimo" ricordo della mia prima infanzia.

– Va' incontro al postino – mi sollecitò.

La finestra era aperta.

– Sono già qua – informò l'uomo, inspirando beato, col naso all'aria, la fragranza della pasta frolla appena cotta.

La nonna si affacciò per prendere la posta e l'uomo finse di vacillare, prossimo allo svenimento. Si lamentò e sospirò profondamente: – È una crudeltà, questo profumo, per un pover'uomo che ha bevuto un solo caffè d'orzo, tre ore fa –.

La nonna lo invitò ad entrare. Sgranocchiando biscotti e sorbendo di quando in quando del "lambrusco", il postino raccontò della sua gioventù.

– Ho fatto il fantino – si compiacque – Del resto, si vede. Col mio fisico asciutto e scattante, non posso essere stato che uno sportivo –.

E volle dimostrare come, nonostante l'età, sdraiato per terra, riuscisse a sollevarsi in piedi, senza appoggio, reggendo con una mano e tirandola su per una gamba, una seggiola piuttosto pesante.

La nonna, a vederlo paonazzo per lo sforzo, rideva proprio di gusto. Io osservavo sconcertata, un poco infastidita per quell'invadenza e, tuttavia, grata a quell'uomo perché riusciva a strapparle un risata. Le mostrò una foto di quando era giovane: un uomo vestito da fantino, sorridente e minuscolo, a fianco di un gigantesco cavallo.

– Dica la verità, ero proprio un bel giovane! – esortò, ammiccando con gli occhi, faunesco. E non si capiva se fosse realmente convinto di quanto affermava, o scherzasse.

Alla nonna venne in mente che in qualche angolo riposto doveva esserci una sua vecchia fotografia. La trovò dentro una scatola, fra altre foto ingiallite, in fondo ad un cassetto. Vi si vedeva una donnina esile, con un incredibile *vitino*, il viso rotondo e gli occhi grandi e dolci, i capelli lunghi, pettinati soffici intorno al viso e alla fronte e poi raccolti sulla sommità della nuca. Graziosa come possono esserlo certe illustrazioni di un libro di fiabe.

Il postino la rimirò, sinceramente estasiato.

– Un vero gioiello, un bocciolo di rosa... Del resto, anche ora si vede che... –.

Si fermò, mortificato che sembrasse un'adulazione. La nonna si passò le mani sul viso e sui capelli, come a voler misurare, a tasto, i segni del tempo che su di lei era passato impietoso e inesorabile, servendosi di strumenti molto vili, le disgrazie e i malanni.

La guardai come tante volte l'avevo guardata, ma la vidi, per la prima volta, grigia e stanca. L'avevo accettata e amata così com'era, senza domandarmi se fosse bella o brutta, giovane o vecchia. L'avevo conosciuta "vecchia", o per come poteva sembrarlo alla mia età, come mi sembrava che dovesse esserlo sempre stata. La bellezza le si era nascosta fra le rughe del viso scarno e nelle ombre sotto gli occhi.

Ebbe un gesto di malinconica noncuranza.

– Sciocchezze – tagliò corto – I miei figli, loro sì, sono giovani e belli. Michele ha trent'anni, Giovanni ventisette e la mamma di Marinella ne ha appena ventidue –.

Allora parlarono dei propri figli e dei pericoli che correvano, gli uomini, in guerra.


Le lettere s'erano molto diradate, ma il postino aveva preso l'abitudine, finito il giro di consegna, di passare da noi. Sul tavolo apparivano il solito bicchiere di lambrusco e il vassoio dei biscotti, ma ci mancavano le sue allegre improvvisazioni claunesche e le avare risate della nonna. Gli zii non scrivevano da tempo, i figli del postino erano stati dati per dispersi e la moglie gli si era ammalata. La nonna volle mandarle un pacchetto di biscotti.

Intanto l'inverno avanzava rigido.

Il postino non si fece vivo per un paio di settimane. La nonna, ad una certa ora, guardava l'orologio e faceva un'espressione pensierosa. Quando l'uomo tornò, sembrava ancora più piccolo, come rinsecchito e ingiallito, aveva perso anche gli ultimi capelli che gli erano rimasti. Tossiva da straziare.

– Ho avuto la bronchite – spiegò.

– E dopo la bronchite, se ne va in giro così, senza cappotto?! –.

– Faccio per non sciuparlo –. Scherzò perché, in realtà, non possedeva un cappotto.

La nonna si fece seria, come quando le scattava un'idea dentro di sé. Nel suo armadio, c'era un cappotto nuovo. Era dello zio Michele.

Lo aveva comprato l'ultima volta che era venuto a trovarci, poi lo aveva lasciato da noi per non avere "ingombri" nel viaggio.

Aveva detto:– In Sicilia non c'è bisogno del cappotto –. La nonna ogni tanto lo spazzolava, sistemava il panno di tela bianco sulle spalle, cambiava la naftalina nelle tasche. Le sembrava, prendendosi cura del cappotto, di avere il figlio meno lontano e di accudirlo.

Decise: – Aspetti un momento –. Intuii le sue intenzioni e la seguii. L'ammonii: – Nonna, non puoi. È il cappotto dello zio Michele. E se, con questa neve e questo freddo, torna da noi? –.

– Non può tornare ora, c'è la guerra. Magari potesse! –.

Mi intestardii: – Lo zio è più alto e più robusto del postino. Quel cappotto è troppo grande –.

– Lo coprirà meglio. Non hai sentito che tosse, pover'uomo? Va a finire che ci muore, con quella tosse –.

Tornammo nell'altra stanza.

– Ecco un cappotto che potrebbe andare bene per lei –.

Il postino indossò il cappotto. Dentro ci stava due volte, però non si perse d'animo.

– Ci sto a meraviglia – declamò. Si inginocchiò, baciò le mani della nonna, non so se per fare il pagliaccio come ai vecchi tempi, o per nascondere la commozione. Li osservavo, in disparte, e disapprovavo.

Lo zio ci capitò in casa, una notte, dopo giorni disastrosi di viaggio, forse di fuga, mezzo assiderato dal freddo. Anche lui non aveva avuto più notizie, disse. Testa calda com'era, con mezzi di fortuna, non so per quali speciali permessi, o quali imbrogli, s'era avventurato in quell'impresa. Di certo so solo che, nonostante evitassero ogni rumore, mi svegliarono. Mi alzai.

Lo zio stava bevendo un cappuccino caldo e la tazza gli tremava nelle mani.

– Mi farà comodo il cappotto che ho lasciato qua, l'inverno

scorso. Ci credi che, in questi giorni, me lo sono sognato perfino di notte? –.

Rise e seguitò: – Si fa per dire. Non so nemmeno quanto tempo è passato dall'ultima volta che ho dormito –.

La nonna ammutolì. Non aveva il coraggio di parlare, né di guardare nella mia direzione. Temeva di leggermi un rimprovero negli occhi.

Nonostante il sonno, pensai che forse avevo il dovere di intervenire, non per accusarla, ma per aiutarla a trovare il coraggio di spiegare.

– Il tuo cappotto non c'è più –. Precisai, senza preamboli inutili.

La nonna sospirò, il più era fatto. Fu costretta a spiegare di "quel pover'uomo anziano e malato, i figli dispersi, la moglie in ospedale..."

Temevo una protesta risentita, invece lo zio, dopo un primo momento di sorpresa, ma forse era rimasto senza fiato, si dimostrò molto comprensivo. Perfino consolò la nonna.

– Non prendertela. Se glielo hai regalato, vuol dire che ne aveva proprio bisogno –.

Però in seguito, più o meno scherzosamente, avrebbe raccontato che sua madre, per soccorrere un povero vecchietto, sarebbe stata capace di lasciare morire di freddo lui, il figlio. Per suo uso e consumo, lo zio avrebbe anche coniato un nuovo comandamento: "Non regalare la roba d'altri".


Il postino non si faceva vivo da giorni. La nonna, impensierita, gettava sguardi interrogativi all'orologio di cucina, al momento in cui l'uomo era solito passare da casa nostra.

– Deve essersi ammalato di nuovo – suppose, molto dispiaciuta.

Io invece lo avevo rivisto, per caso, consegnare la posta ad una vicina. Con la nonna avevo taciuto. Anzi, lo avevo spiato per molti giorni. Tossiva quasi di continuo e sembrava accartocciarsi su se stesso. Ma non indossava il cappotto.

## Undicesima istantanea

La bambina, seduta sul cuscino con le gambe incrociate alla maniera yoga, ha una tenera espressione sorridente, fissa Marina con approvazione. Le dà gioia sentire raccontare della nonna. Anche il viso di Maria è sereno e disteso, così che sembra più giovane.

– Forse il postino aveva venduto il cappotto per racimolare qualche soldo, o lo aveva a sua volta regalato a qualcuno di taglia superiore. Non so poi come gli andò a finire, se campò. So che in casa Piumalbi non si fece più vedere. Per la nonna fu una grossa delusione, ma non se ne rammaricò. Mai. Certo è che, per aver regalato un cappotto "roba d'altri", perse un amico.

Nel pulviscolo luminoso della stanza, si intrecciano pensieri. Le due donne e la bambina, in perfetta sintonia.

La figura della nonna è impressa nella loro memoria e si impone in ogni episodio. È un riferimento, sempre, anche quando non se ne parla esplicitamente. Fra lei e la nipotina... una complicità fiduciosa. Intesa, certezza di poter contare l'una sull'altra. Legame che non si cancellerà mai, sentimento purissimo.

# IL REGALO DI NATALE

La nonna aveva detto che le mogli dei soldati in guerra dovrebbero starsene a casa. Mia madre si era molto risentita, perché lei, fuori, ci andava soprattutto per lavoro, non per divertimento. Un pomeriggio rincasò prima del solito. Disse che le era rimasto qualche residuo di energia e che aveva voglia di uscire e di guardare le vetrine.

La nonna azzardò:– Ti sembra il caso? –.

– Caso, o non caso, fra poco è Natale. Mi fa piacere che Marinella se ne renda conto, almeno guardando le poche vetrine che sono rimaste in giro –.

Era un avvenimento abbastanza eccezionale, tanto più che le avevo sempre sentito dire che si trattava di un'occupazione stupida. Andare fuori con la mamma "per guardare le vetrine", invece, per me, equivaleva all'impulso improvviso di "voler stare insieme" e che fosse partito da lei, mi ricompensava di precedenti delusioni.

Mi sollecitò: – Preparati, Marinella –.

Uscimmo. Mi teneva per mano, trasmettendomi una corrente di orgogliosa esultanza. La mamma era molto bella e, per strada, si giravano a guardarla, uomini e donne. Ci lasciavamo dietro una scia di ammirazione e invidia.

Alcune vetrine erano scintillanti, nonostante la guerra. La mamma domandò:– Che regalo ti piacerebbe ricevere per Natale? –.

Mi irrigidii. "Ora mi prenderà in giro con la storia di Babbo Natale". Non credevo alle favole, tanto meno a quella. Mi piaceva stare ad ascoltarle, mi c'incantavo, spesso le modificavo nella mia fantasia, ma detestavo l'inganno di far passare per vero ciò che vero non era. Approfittare dell'ingenuità dei bambini è il divertimento più deprecabile dei grandi. E, con la storia di Babbo Natale, ci si divertono da matti. E più essi si divertivano, più io mi indispettivo. Allora reagii per provocarla.

– Voglio una bicicletta –. Era il massimo delle mie aspirazioni, ma ero consapevole che la mamma non aveva denaro per esaudirmi.

– È troppo, c'è la guerra –.

– Ma per Babbo Natale tutto è possibile –. La provocai.

– E chi lo dice? La guerra c'è anche per lui. E poi tu, a Babbo Natale, non ci credi –.

– No, non ci credo –.

– Allora perché chiedi una bicicletta? Adesso lo hai offeso e di sicuro non ti porterà regali –.

Lasciai cadere l'argomento, mi sembrava inutile insistere. Ci fermammo davanti ai cartelloni di un cinema. Prima che il babbo partisse per la guerra, c'eravamo stati spesso. I miei genitori erano soliti dire che, al cinema, c'ero nata. Infatti mi ci avevano portata la prima volta che avevo due mesi, almeno così raccontavano. Per non saltare la poppata, avevo succhiato il latte di mia madre, nel buio fumoso del locale, sussultando ai suoni improvvisi della colonna sonora.

– Ti piacerebbe andare al cinema? –.

La proposta improvvisa mi lasciò interdetta.

– Non so –.

– Come, non sai, non ti piace andare al cinema? –.

– Sì, mi piace –.

– Allora entriamo: questo è il mio regalo di Natale –. E già si avviava, sospingendo la porta a vetri e tirandomi per un braccio.

La moglie e la figlia di un soldato in guerra possono andare al cinema? Avrei voluto chiederglielo, ma non osai e la domanda mi si strozzò in gola. E poi, se l'aveva proposto, vuol dire che si poteva.

Dentro, incespicai dietro di lei, nel buio; infine mi ritrovai seduta. La mamma mi sussurrò all'orecchio: – Non dire alla nonna che siamo state al cinema –.

Mi si fermò un secondo il cuore: allora non si poteva!

– Hai capito? Prometti di non dirlo –.

– Va bene – balbettai – prometto –.

Fissai lo schermo, immobile per tutta la durata del film, fino ad indolenzirmi, senza seguire le immagini che mi passavano davanti agli occhi, ormai, per me, prive di significato.

Fu un ritorno silenzioso e frettoloso. Si era fatto tardi. La mamma correva e mi trascinava quasi di peso, nella corsa. Mi faceva male la milza e mi lacrimavano gli occhi per il freddo.

La nonna ci aspettava dietro i vetri della finestra, preoccupata. La mamma spiegò allegramente:

– Il tempo è scappato via come il vento. Marinella non si sarebbe mai staccata dalle vetrine –.

La nonna ebbe un sospiro di sollievo. Chiese: – Hai visto qualcosa che ti piace? –.

Scossi la testa, muta. Temevo che, aprendo la bocca, la verità sarebbe venuta fuori, irrefrenabile. A tavola, non riuscii ad ingoiare nemmeno un cucchiaio di minestra.

La nonna si allarmò: – Che cos'ha questa bambina che non mangia? Non si sentirà male? –.

Mi sentivo male veramente, avevo perfino voglia di vomitare.

La nonna insisteva, preoccupata: – Che cosa ti senti? –.

Io zitta.

– Ma perché non parla? A stare fuori tutto questo tempo avrà preso freddo, probabilmente avrà la febbre –.

La mamma mi rimproverò con gli occhi, abbassai i miei, contrita. Si arrese.

– Ho capito –.

Mi scosse per un braccio: – Parla, racconta alla nonna dove siamo state –.

A quel punto, chissà la nonna che cosa immaginò, azioni innominabili, suppongo. Si agitò più che mai.

– Dove l'hai portata, che cosa hai fatto?! –.

Fra loro due, tremavo di apprensione. In modo diverso, le amavo entrambe e non avrei voluto scontentare né l'una né l'altra.

La mamma, ormai fuori di sé gridò: – Parla! –.

Che cosa stava chiedendomi di dire, la vera o la falsa versione dei fatti? Cercavo di capire, restando disperatamente muta.

– Racconta la verità. Ti ho detto di non dirle niente, ma adesso ti chiedo di parlare –.

Mi sembrava impossibile che fra poco sarei stata liberata dal tormento. Boccheggiai. – Siamo andate al cinema –.

Lì per lì, negli occhi della nonna, ci fu un accenno di ilarità, poi tornò seria. Si rivolse alla mamma.

– Le hai chiesto di mentire e l'hai fatta soffrire! –.

La mamma minimizzò: – Per una stupidaggine –.

– Appunto. Per una stupidaggine hai fatto soffrire la bambina –.

– Non le ho chiesto di mentire, soltanto di tacere la verità. Sembra poco, ma è diverso. E poi m'era parso di farle un regalo di Natale –.

## Dodicesima istantanea

*Nella stanza, Marinella sospira profondamente. Le due donne percepiscono che i loro respiri fanno parte di quel sospiro, così come i loro pensieri si intersecano con quelli della piccola.*

*Marina riflette che il momento di sollievo della bambina non era durato molto.*

*– Era contenta di non aver ingannato la nonna, ma anche scontenta di aver tradito la mamma. Aveva rimorso di non aver saputo mantenere un segreto. Quale delle due mancanze avrebbe dovuto considerare meno grave, nel caso ancora di dover scegliere? –.*

*Interviene Maria, a ricordare.*

*– A giudicare da quante volte e con quanto divertimento fu raccontato in seguito quell'episodio, dovette convenire che forse se l'era presa troppo, per troppo poco. Una stupidaggine, appunto –.*

*– Troppe volte le sarebbe stato chiesto di mentire, o tacere semplicemente la verità. Fu duro per la bambina diventare adulta e imparare a controllare i propri sentimenti. La tristezza e la rabbia. Trattenere le lacrime: debolezze. Calcificarle dentro, impedire la "compassione" di sé –.*

*Marinella, immobile, seduta sul cuscino dai colori intensi, per chi la guarda dall'esterno potrebbe sembrare indifferente, o assente. Ma lo sguardo di uno spettatore più attento può osservare come le sue labbra abbiano un leggero tremito controllato a fatica.*

# UN MOSTRO DI CRUDELTÀ

Tutti quelli di casa, nelle ore più calde, andavano a riposare. Io, invece, anche se molto piccola, detestavo andare a letto di giorno. Aspettavo che gli altri si fossero addormentati, poi, furtivamente, uscivo. Nell'orto, il frinire delle cicale scandiva il ritmo dei miei pensieri annoiati.

Il caldo era opprimente, ma la noia lo era ancora di più. Mi avventurai per la strada, anche se mi era vietata. Possibile che dalle due alle quattro del pomeriggio la vita si fermasse? Che fossi io l'unica eccezione?

Gironzolai mestamente, soffermandomi davanti ad ogni cortile, ogni giardino, nella speranza di cogliere un qualunque segno di attività. Trovai un cancello aperto ed entrai: forse non tutti erano andati a dormire.

Mi accolse il silenzio della casa addormentata e, anche qui, il frinire delle cicale. Feci per allontanarmi, ma ci fu un nuovo suono che mi attrasse: un leggero, flebile miagolio. Cercai e trovai due piccoli gattini, due batuffoli grigi. Mamma gatta non c'era; forse anch'essa dormiva, all'ombra da qualche parte, o non era una buona madre e aveva già abbandonato i suoi cuccioli.

– Anche voi, piccolini, non avete voglia di dormire? – li apostrofai. – Scommetto che vi annoiate quanto me. Ma ora ci sono io a farvi compagnia –.

Per la verità, io ero certamente ansiosa di compagnia, non so i gattini. Li accarezzai. Seguitarono a miagolare disperatamente, invocando forse la gatta.

Poi, ad un tratto, non so se per risposta al mio invito al gioco, o per difesa, uno di essi mi morse un dito. Istintivamente ritrassi la mano, così il dentino aguzzo mi tagliò.

– Cattivo! –.

Lì vicino, c'era una tinozza piena d'acqua, lasciata a riscaldarsi al sole, non so con quale scopo. Ci tuffai la mano, ma non servì a calmare il bruciore. L'acqua era tiepida. Mi sarebbe piaciuto entrarci dentro e fingere di essere al mare. Per fortuna, mi sembrò una sconvenienza. I gattini continuavano ad agitarsi. Forse avrebbero gradito un bagno. Li presi ciascuno per la collottola e li tenni sospesi sull'acqua, incerta se bagnare loro le zampine. Abbassai le mani delicatamente per saggiare il loro gradimento. La reazione, che io non avevo prevista, fu improvvisa e violenta. Mi si aggrapparono atterriti alle mani e ai polsi, con le unghie conficcate nella carne. Mi graffiarono a sangue. Cercai di liberarmi, peggiorando la situazione. Miagolavano terrorizzati.

Una persiana della casa stava aprendosi. Con un ultimo e più deciso strattone, mi liberai dei gatti e scappai via.

Nel giardino di casa mia, alla cannella dell'acqua, cercai di cancellare i segni sulle mani. Ma accentuai il bruciore già insopportabile. Che cosa avrebbe detto la mamma? Per riflettere, mi rifugiai nel mio nascondiglio segreto, la legnaia. Quel luogo conosceva molti dei miei dispiaceri. Sapevo che c'erano dei topi, fra la legna. Però sono molto piccoli, pensavo, non sono cattivi come i gatti.

In casa, le donne furono svegliate dagli squilli rabbiosi del campanello. La padrona dei gatti veniva a pretendere soddisfazione.

Col cuore in subbuglio, la sentii urlare.

– Quella bambina è un mostro, un mostro di cattiveria. Ha cercato di annegare quei poveri gattini indifesi. Almeno ci fosse stata la gatta! Se non me fossi accorta in tempo, sarebbero morti di sicuro –.

Annegare i gattini, io?! Questo aveva creduto? Avrei voluto correre a difendermi, ma tremavo così forte, nonostante il caldo, che non riuscii a muovere un passo. Quella donna urlante mi atterriva. Ora anche la mamma avrebbe creduto che io fossi un mostro di crudeltà, non mi avrebbe più voluto bene. Mi chiamava e aveva una voce concitata.

Non mi mossi. Non ancora, pensavo. La mamma sapeva che avevo paura dei topi, mai mi avrebbe cercata là, nella legnaia. Sarei andata da lei, appena quella donna si fosse allontanata.

"Quando avrò smesso di tremare, le spiegherò e capirà".

Non mi credettero né la padrona dei gatti né mia madre.

# Tredicesima istantanea

*La bambina ha di nuovo quell'espressione enigmatica, sul visetto pallido. Impossibile decifrare i suoi pensieri.*

*Le due donne commentano, sommesse, fra di loro.*

*– Da principio, tentò di giustificarsi e soffrì molto, poi, visto che i suoi tentativi erano inutili, recitò con se stessa e gli altri la parte della "dura". Le piacque l'idea che la ritenessero "un mostro di cattiveria". Il pensiero che la considerassero "terribile" e "pericolosa", piuttosto che timida e insicura, le diede l'illusione di essere più forte, meno indifesa. Così deformò la versione reale, fece sua quella falsa.*

*"Una volta ho cercato di annegare due gattini. Sarebbero morti se la loro padrona non li avesse salvati. Volevo annegarli perché mi avevano graffiata".*

*– Per fortuna, in seguito, sarebbe stata smentita dal suo amore per tutti gli animali e, in particolare, per i gatti –.*

*Nella stanza aleggia il dubbio. Pensano che la piccola, quel giorno, si fosse sentita rifiutata. Aveva cercato compagnia e affetto, senza essere corrisposta. Rifiuto, aggressione fisica, tradimento. Inconsapevolmente, un pretesto di rivalsa. Trasposizione. Più facile castigare un gatto piuttosto che un adulto.*

*L'espressione della piccola adesso è tristissima. Ha recepito quei pensieri, li considera inadeguati. Le due donne avvertono il suo silenzioso rimprovero, hanno dimenticato quanto sia piccola e infelice.*

# UNA LETTERA

Non si avevano notizie di mio padre. La mamma, di notte, ascoltava la radio che stava sul comodino, quando mi credeva addormentata. Il notiziario veniva ripetuto più volte, sia di giorno che di notte. Nel dormiveglia, avvertivo quella litania di nomi. Sapevo che, il giorno dopo, di nascosto alla nonna, mi sarei sostituita alla mamma, nell'ascolto.

Una mattina che la nonna mi sorprese ad ascoltare la litania dei nominativi militari caduti o dispersi, mi rimproverò:
– Non sono cose da bambina. Non voglio che tu venga qui ad ascoltare la radio –.

– Anche la mamma ascolta la radio, di notte –.

– La mamma è la mamma. Certamente ci capisce qualcosa, se ascolta –.

– Se dicono il nome del babbo lo capisco anch'io –.

– Va', vai a giocare con Giuliana che la lasci sempre sola!–.

In realtà, niente era più monotono dell'ascolto del notiziario di guerra. I nomi sembravano tutti simili, detti col medesimo tono di voce.

– Che differenza c'è, nonna, fra disperso e caduto? Caduto vuol dire morto? –.

– Santo cielo, Marinella, ma proprio non hai altro da pensare. Ogni tanto comportati da bambina –.

La sera, riferì alla mamma e quella, stanca, mi difese.

– Lasciala stare, anche lei sta in ansia per suo padre –.

– Ma ti rendi conto che è una bambina piccola? Ne ragioni come di una grande –.

– Rispetto alle altre della sua età, è già grande –.

Di quel giudizio tanto malinconico mi sentii fiera, cioè ne fu fiera proprio la parte bambina che era in me.

Le notizie di mio padre arrivarono per posta. Era una lettera in viaggio da un mese, cincischiata e piena di cancellature.

Su quella lettera mia madre pianse, ma non furono lacrime di commozione. Pianse in quel suo modo teatrale, a singhiozzi e lamenti striduli, secondo la consuetudine meridionale. Mi procurò un senso di raccapriccio e di disagio perché non capivo la sua reazione. Avevo riconosciuto la scrittura di mio padre, quindi, se scriveva, non era morto, che ragione c'era di piangere?

Non erano lacrime di commozione, ma di rabbiosa disperazione. Per me fu singolare anche il fatto che si allontanasse per parlare con la nonna e chiudesse la porta dietro di sé. Strano riguardo nei miei confronti.

Concentrai la mia attenzione al massimo. Attraverso la porta chiusa afferrai parole per me senza senso.

– Capisci che cosa mi ha fatto, lo capisci? –.

– È la guerra, colpa della guerra... –. La nonna cercava di placarla ma le tremava la voce.

– Non potrò più avvicinarlo, mai più –.

Provavo una sorta di malessere, come per una grande disgrazia, senza capirne la ragione. Se mio padre era vivo, perché...

Vagamente presagivo che, per quella lettera, l'amore della mamma per il babbo moriva. Volò per aria la parola "malattia", pronunciata con rancore rabbioso e disgusto. Infortunio di guerra, offesa imperdonabile, barriera. Chissà perché, quel soldato, aveva ritenuto di dover informare così rapidamente la moglie del guaio che gli era capitato.

Automaticamente, sillabavo fra me la parola sconosciuta, captata attraverso la porta chiusa, volevo essere sicura di non dimenticarla. L'avrei tenuta dentro fino al momento in cui la mamma non avrebbe più sospettato che l'avessi spiata. Sei anni dopo, forse anche otto, ancora bambina, a casa da scuola per un'indisposizione, avrei sillabato la parola incriminata.

– Mamma, non mi sarò presa la... –.

– Che cosa dici! –.

– L'ho letto in un libro –.

– Che razza di libri ti fanno leggere? In ogni caso hai sbagliato parola –.

– Di sicuro, ho sbagliato. Ma quella che ho detto che cosa vuol dire? –.

– È una malattia che si prende ad andare con certe donnacce –.

–Anche le donnacce vanno in guerra? –.

La mamma trasalì.

– Quelle si possono trovare dappertutto. Ora che siamo in guerra "lavorano" per i soldati –.

## Quattordicesima istantanea

*Silenzio terribile nella stanza dalle pareti bianche, disadorne, fra le due donne e la bambina. Quest'ultima è scossa da un brivido. Le altre due non osano parlare, hanno la gola stretta, non ne uscirebbe suono. Fra loro c'è come un enorme macigno, fatto di dolorosi silenzi, compressi negli anni, infinite domande senza risposta, lacrime mai piante. Il brivido che ha attraversato il corpicino gracile della bimba è stato di liberazione. Una sottile spirale serpeggia per la stanza e si dissolve. C'è silenzio completo, qualsiasi suono sarebbe di disturbo.*

# CURIOSITÀ

Non mi convinceva, anzi mi offendeva, quella spiegazione sulla panciona della mamma: "Ingrossa perché mangia tanto".

Tanto più che, in altri momenti, mi veniva detto "la cicogna porterà un fratellino".

Niente di più ridicolo, dal momento che ricordavo benissimo quanto fosse cresciuta la pancia della mamma prima che nascesse mia sorella Giuliana, due anni prima. Atmosfera diversa e meno lieta.

Abbracciavo le gambe della mamma e pregavo di prendermi in braccio, anche se sapevo di essere grande e pesante. Non lo avevo più preteso dal momento in cui avevo cominciato a camminare ma, adesso, la richiesta intendeva essere, coscientemente, una provocazione.

– Non posso, sei grande, non ce la faccio. Non vedi che panciona? Mi pesa, sai? –.

– Allora siediti –.

Rideva e mi mostrava la pancia traboccante sulle cosce.

– Non c'è posto, vedi? –.

– Sì, c'è. Mi metto proprio in cima ... –.

Mi accontentava. Era una rivalsa al suo primo rifiuto.

– La tua panciona grossa è bruttissima –. E picchiavo col pugno chiuso quel gonfiore la cui vera causa mi veniva nascosta, come se non fossi stata all'altezza di capire.

– Non lo fare. Mi fai male! –. Mi fermava le mani che, del resto, erano state molto attente a colpire leggero.

– Sei come "Re Pancione"–. Ostile, rammentavo il personaggio di una favola.

– È vero. Re Pancione che aveva ingoiato Cecina –.

La provocavo: – E tu chi hai ingoiato? –.

Rideva, senza rispondere e non capiva che la sua risata mi indispettiva.

Cominciò a circolare per casa un'ostetrica. La osservavo e mi domandavo se, anche lei, come aveva detto mio padre a proposito dell'altra, fosse "una cagna" e non sapesse legare gli ombelichi. Apparve anche una misteriosa valigetta. Probabilmente, per difenderla dalla mia curiosità, fu posta in cima alla credenza del tinello. Non so quanto indicato fosse quel posto.

Chiedevo: – Che cosa c'è lì dentro? –.

Varie le risposte. Preferivo "niente che ti riguardi" piuttosto che "un omino misterioso", o "un cane che morde".

Avere quattro anni doveva essere, per allora, una condizione di deficienza mentale. Riuscirono comunque a confondermi le idee, infatti mi venne in mente che quel tanto atteso fratellino fosse nella valigia. Finché non venne l'occasione che aspettavo.


La mamma era andata dalla vicina di casa; la nonna si era abbandonata al piacere di un pediluvio, rito quotidiano che si ripeteva ogni sera, dopo una giornata in piedi. Di solito si protraeva a lungo.

La tentazione fu irresistibile. Una sedia. Facile salirvi. Bastava mettere un piede sul ripiano della credenza, aggrapparsi ad una maniglia e... La parte superiore del mobile era semplicemente poggiata alla base, quindi mi franò addosso.

Ricordo soprattutto il grande frastuono di vetri che si rompevano, le porcellane, le bottiglie, i bicchieri...

Spinta all'indietro dal peso, con la fortuna che assiste i bambini in tanti casi, finii sotto il tavolo, sul quale si era appoggiata la parte più alta della credenza. Sotto quel provvidenziale rifugio, avrei voluto farmi più piccola e sparire. Ero terrorizzata all'idea delle conseguenze. La valigia, il bambino...

Per prima, arrivò la nonna "scivolando" lungo le scale, con i piedi nudi bagnati e saponosi. Saltellava intorno al tavolo, atterrita. Da sotto, vedevo soprattutto i piedi, le gambe e l'orlo sollevato del vestito.

La nonna gridava: – Misericordia, la bambina! –.

Poi arrivò la mamma. Ansava per la corsa e per il peso della pancia. Pensai: "Ora si ricorderà della valigia".

– La bambina, la bambina... –. Gridò e cercò di sollevare la credenza in bilico contro il tavolo.

Allora, timidamente, misi fuori la testa.

– Sono qui, mamma –. Ero rassegnata a tutto.

La nonna e la mamma si precipitarono su di me. Mi parlarono, mi baciarono, mi palparono, risero. Pensai che fossero impazzite.

– La valigia...–. Balbettavo, esalando il pensiero tormentoso di tanti giorni.

– Ma tesoro...–. La mamma recuperò la valigia, finita illesa sul tavolo. – Non c'è niente di speciale qui dentro –.

Forse perché non si era ancora ripresa dallo spavento, la aprì.

– Ecco, vedi, proprio niente di speciale –.

Cotone idrofilo, garze, una bottiglia da fuoco.

– Tutte cose che serviranno quando arriverà il bambino –.

Dentro mi ribellai: che non tirasse fuori la solita favola! Così diedi per scontato che il bambino si trovasse al posto giusto. Chiesi: – Come farà il bambino ad uscire dalla pancia?

– Lo aiuterà l'ostetrica –. Fu la risposta diplomatica.

– Sarà capace di legargli l'ombelico? –. Ancora mi bruciava lo schiaffo di mio padre.

# Quindicesima istantanea

*Marina commenta:* – *In questo episodio, si ricorda di essere una bambina e si comporta come tale –.*

– *Direi che è un segno di vitalità, non ti pare? Secondo me, lei, consapevole o no, dà ciò che le chiedono. La vogliono adulta e fa la grande, anche se questo la rende molto infelice, la vogliono bambina e si adegua e direi che ciò la diverte molto.*

– *E ci mette malizia? –.*

– *Bisognerebbe chiederglielo. È possibile che si prenda certe rivincite, specie quando si aspettano da lei un comportamento infantile –.*

– *Quando la considerano piccola, si offende; quando pretendono una complicità da adulta, ne soffre. Infine, trova sempre una ragione d'infelicità –.*

– *Stiamo parlando di una bambina che non sempre accetta l'adulta dentro di sé e la rifiuta. E viceversa. Ha bisogno di tempo. Vorresti negarglielo? O forse ti lusinga l'idea che sia sempre stata adulta, "nata vecchia" e quindi, in qualche modo, si distingua fra gli altri, ignari, intorno...*

– *Non so spiegarti. È che non c'è differenza, nel malessere che ne deriva, fra la consapevolezza di essere nata vecchia, cioè con un'anima antica, e la pretesa, invece, di alcuni adulti, che sia piccola o grande, secondo il proprio tornaconto. E comunque, se qui lei intervenisse, a chiarirci le idee...*

*Marinella osserva entrambe con uno sguardo di compatimento... Tutto sarebbe così semplice, se non andassimo a cercarci le complicazioni, anche quelle poche volte che non ce ne sono.*

# UNA FOTOGRAFIA

Ci fu un periodo in cui la mamma fu presa da mania fotografica. Non era molto esperta, ma mi fotografava spessissimo. Nelle pose più svariate, o atteggiamenti. Una di queste in mutandine, mentre giocavo in cortile. Era estate, faceva molto caldo e, stare all'aria aperta, mezza nuda, era l'unica villeggiatura che potessi permettermi.

Ero lusingata d'essere il soggetto preferito della mamma, ma anche infastidita. Mandò perfino una mia foto al "Resto del Carlino" per la rubrica "I bimbi belli" e questo dimostra quale alto concetto estetico avesse di me, ma la scelta della foto fu per me un'ennesima offesa.

Mentre scattava, avevo avuto un gesto di insofferenza, anche perché sulla coperta stesa per terra al sole, nella calura estiva, ci stavo evaporando. Lei forse era particolarmente nervosa e irritabile, così mi diede uno schiaffo.

Avrei certamente dimenticato quello schiaffo, così come non ricordo bene il motivo che lo provocò, se non lo avesse immortalato con una fotografia che poi fu quella che spedì e che disgraziatamente pubblicarono. Quella bambina piangente, in mutande, sopra un telo scozzese al sole, se per mia madre fu un successo, per me fu il massimo dell'umiliazione. Non capisco come e perché gliela avessero pubblicata e proprio nella rubrica "I bimbi belli". La bocca alle orecchie e gli occhi strizzati nel pianto, congestionata. Mi ritenni, allora e in seguito, orribile. E la conseguenza più grave fu che quella foto alimentasse la sua passione per la fotografia, soprattutto a scapito mio.

La mamma disse: – Adesso ti faccio bella e ti porto dal fotografo. Uno vero, voglio dire –. Forse intendeva farsi perdonare?

Azzardai: – Ne ho tante di fotografie –.

– Tutte istantanee. Ne voglio una fatta bene, da spedire a papà –.

Da notare, per inciso, la singolarità del fatto che, nel nostro linguaggio familiare, venisse usato sia "papà" che "babbo", a seconda dello stato d'animo, o che ci si sentisse romagnoli o siciliani.

Mi assoggettai perché lo scopo di mandare la foto a papà, fu l'unica ragione convincente.

Per l'occasione, la mamma mi fece indossare una camicetta di pizzo bianca e una gonna blu con bretelle e pettorina. Su quest'ultima, erano ricamate in bianco le iniziali del mio nome.

Avrei utilizzato quella gonna nelle "buone occasioni", allungando le bretelle, per diversi anni. Per quelle iniziali, ricamate con arte dalla nonna su indumenti modesti, sarei stata additata dai militari americani, liberatori: "MP come Military Police".

Nello studio fotografico, mi fecero sedere su di una poltrona con braccioli in metallo. Mi sentii ridicola e abbastanza inadeguata.

– Girati, abbassa la testa, no, alzala... –.

– No, non è lei – si ribellò la mamma – si vede che posa per una fotografia: non è naturale –.

Dopo altri tentativi inutili, la mamma trovò la formula magica.

– Ti fa piacere, vero, che papà veda quanto è carina la sua bambina? Dimentica tutto quello che hai intorno e pensa a papà –.

Parole magiche. Mi abbandonai alla fantasia e fui sola, col pensiero fuori dallo studio fotografico. Immaginai il momento in cui il babbo sarebbe tornato a casa, baldanzoso e fiero nella sua sbagliata divisa, così come era partito. Forse, per baciarmi, mi avrebbe tirato su in braccio, o forse adesso pesavo troppo, come diceva la mamma. Allora, più facilmente, si sarebbe chinato su di me...

Il fotografo scattò.

Non ricordo se la foto fu mandata a mio padre, se lo fu, certamente si smarrì nel viaggio. Ne ricordo solo un'altra copia, molto sciupata che esiste ancora, recuperata fortunosamente da mia madre.

C'era stato un bombardamento sulla città, di molte case non era rimasto che un mucchio di macerie, come sarebbe stato, a giorni, per la nostra. La mamma, raggiungendo il Municipio, dove a quel tempo provvisoriamente lavorava, aveva visto la foto della "bambina che pensava a papà", sull'unica parete rimasta in piedi fra le macerie dello studio fotografico. Così almeno lei raccontò. Era un bell'ingrandimento che il fotografo aveva esposto all'interno dello studio. Mai la mamma s'era sognata di poter avere una fotografia grande quanto un quadro. Raccontò che l'idea di lasciarla là, esposta alle intemperie, allo sguardo di tutti e al probabile crollo di quanto restava in piedi, le era sembrato una sorta di sacrilegio.

Si era arrampicata sulle macerie, a rischio di essere scambiata per uno "sciacallo", o peggio di restare sotto qualche nuovo crollo: alla mamma piaceva drammatizzare. Aveva conquistato la parete pericolante e staccato l'immagine della bambina.

Tornata a casa, spiegò: – Non potevo lasciarla là, esposta a tutti –. La nonna le lanciò un'occhiata dubbiosa. Anch'io, dopo anni, sospettai che l'ingrandimento lo avesse fatto fare lei. In ogni caso, gliene fui grata, perché dimostrava di averlo desiderato.

Peccato che quella foto, ormai adolescente, io l'abbia ritrovata molto sciupata, con sopra una brutta macchia, l'impronta di una tazzina di caffè. Segno che qualcuno della mia famiglia, trovandola a portata di mano, sopra un tavolo, vi avesse posato sopra una tazzina sporca.

## Sedicesima istantanea

Maria riflette rivolgendosi a Marina: – Si avverte un principio di rancore in questo racconto. Non so dire se della bambina, o tuo che descrivi –.

– Non è rancore, è la fiducia che, nella piccola, comincia a vacillare e, in me che racconto, adulta, si concretizza la sfiducia –.

– Però, quando ci si ammala di sfiducia, il primo sintomo è il rancore verso chi l'ha provocata. Allora può ancora esserci una speranza di recupero. Quando c'è rancore, c'è anche sofferenza, ci sono, quindi, delle possibilità. Quando la fiducia muore del tutto, è impossibile resuscitarla –.

– È vero, la fiducia perduta non si ritrova più. Per fortuna, insieme, cessano anche sofferenza e rancore –.

– Ma può subentrare l'indifferenza. Peggiore del rancore –.

– Il distacco, il tuo distacco intendo, non è indifferenza? –.

– No, non è indifferenza. È capacità di vedere dal di fuori –.

– E tu ci riesci? –.

– Non so se sempre ci riesco. La questione mi lascia del tutto... indifferente –.

La bambina le ascolta interessata e sembra divertita.

# I SOGNI

I medici parlano di "pavor nocturnus" quando i bambini, di notte, urlano di paura nel sonno, o si svegliano agitati e vogliono la luce accesa. Qualche volta mi viene il sospetto che i termini, in latino, di molte patologie siano proprio destinati a chi non conosce quella lingua antica. Per mettere in difficoltà e per dare l'idea di una maggior gravità. Ma sto divagando. Io non urlavo nel sonno e non volevo la luce accesa.

Se mi svegliavo col cuore in tumulto, provavo sollievo d'essere sveglia e cercavo di resistere al sonno, sbarrando gli occhi nel buio. Avevo paura di riaddormentarmi perché sarebbero ritornati quelli che chiamavo sogni ma in realtà erano incubi. Forse la conseguenza della mia apprensione quotidiana, ma Freud, probabilmente, non sarebbe stato d'accordo. Parlerebbe di desideri inespressi, ma, in tale caso, non so davvero se questa spiegazione sia indicata per i miei sogni di bambina.

La mia paura ossessionante si collegò a due sogni ricorrenti che mi perseguitarono per qualche anno, alternandosi quasi ogni notte. Non volevo confidarmi né con la mamma, né con la nonna, per una sorta di pudore, o timore che potessero ridere di quanto, invece, per me, era disperazione. Non so quanto il timore di essere fraintesa fosse più o meno rilevante della mia tragica "paura notturna". E neanche so stabilire, quanto già fosse allora determinante, nei miei conflitti interiori, l'orgoglio.

Il primo sogno riguardava me stessa. Ero inseguita da un leone. Da principio, correvo agilmente, poi le gambe mi si appesantivano, incespicavo. E credo che tutti, in sogno, abbiano vissuto un'esperienza simile, non so se a due anni di età.

Percepivo l'alito del leone sulla nuca, poi c'era il suo gran peso che mi franava addosso. A questo punto mi svegliavo, col cuore che mi doleva contro lo sterno, indolenzita come se il corpo della belva mi fosse ancora sopra. Se, spossata, mi riaddormentavo, il sogno ritornava. Anche più volte in una stessa notte, certo sollecitato dal terrore che ne avevo. Cominciò così una guerra personale e caparbia contro la paura dei brutti sogni, o meglio, soprattutto di "quel" sogno.

Da sveglia, mi ripetevo fino alla monotonia (e forse, senza saperlo, praticavo una forma d'autoipnosi): "È solo un sogno. È ridicolo aver paura di uno stupido sogno. Se lo sapesse la mamma, riderebbe, lei sa che il leone non esiste. È impossibile che mi faccia del male, se non esiste. È soltanto un sogno. Io sono più forte del sogno, io sono più forte del leone. È un sogno, un sogno, un sogno...". Così per quasi tutto l'arco di una giornata, dopo che quel sogno era venuto di notte.

E di rimando, l'altra me stessa bambina: "Lo sento respirare sul collo e sento addosso la sua pelliccia e perfino il suo odore e il suo peso quando mi salta addosso ed io cado...".

"Ti sembra vero, ma è soltanto un sogno".

"Forse il leone non sa di essere un sogno e si comporta come un leone vero".

"E tu diglielo al leone".

Il leone, come altre notti precedenti, mi aspettava dietro l'angolo di una strada sconosciuta. Lo vidi prima che mi balzasse addosso e cominciai a scappare, come al solito. Il terrore mi mozzava il respiro. Cominciavo già a perdere le forze e le gambe mi si facevano molli, quando avvenne ciò che ritenevo impossibile. Fu un lampo nella mente. La "me stessa adulta" ammoniva: "Il leone è un sogno. È ridicolo averne paura. È impossibile che mi faccia del male, perché è falso. Sei soltanto un sogno, leone, io lo so che sto sognando".

Miracolosamente mi calmai, la paura, come per miracolo, era scomparsa. Ora temevo che il sogno svanisse troppo presto, negandomi la possibilità di riscattarmi. Cautamente rallentai la corsa, mi fermai. Attesi che il leone mi raggiungesse. Il leone mi fu sopra e pesava, odorava di selvatico, ma io, fiduciosa, sapevo di averlo vinto. E riuscii perfino a pensare, nel sogno, che, la prossima volta, se si fosse ripresentato, non sarei scappata. Gli avrei gridato sul muso: "Sei soltanto un sogno. Sembri vero, ma sei falso. È inutile che ti affatichi a rincorrermi".

Mi fu concessa anche quella soddisfazione, nonostante, i primi tempi, mi addormentassi trepidante. La volontà e l'orgoglio furono più forti del leone. Anzi perfezionai la mia vittoria al punto di sollevarmi in volo, un attimo prima che il leone mi balzasse addosso, perché, quel testone, proprio non voleva capire d'essere un sogno. E riuscii a ridere e a motteggiarlo: "Dai, prendimi, signor leone. Ancora un salto, coraggio". Con l'intenzione di sfinirlo.

Il secondo sogno fu meno facile da sconfiggere, perché riguardava la mamma. Si ripeteva, più o meno uguale, più volte in una notte, mi procurava un dolore profondo che seguitava per tutto il giorno seguente.

Un assassino, dal volto anonimo, voleva uccidere la mamma. Unica variante, nel tempo, fu l'arma del delitto. La prima volta, quando ero piccolissima, si trattò di un orecchino avvelenato. Forse un poco la storia di Biancaneve?

Il dramma era che, pur conoscendo le intenzioni dell'uomo, e non so come mai le conoscessi, non riuscivo ad avvertirla del pericolo.

Freud direbbe che nascondevo il desiderio che la mamma morisse? Di sicuro so che quel sogno mi martoriava e mi sfiniva. Tentavo di correre e precedere l'uomo per metterla in guardia, ma né le gambe né la voce mi aiutavano e io mi sentivo lacerare all'idea di ciò che sarebbe potuto accadere. L'unica via di scampo era il risveglio. Mi svegliavo in un bagno di sudore e col cuore impazzito.

Avevo cinque anni, non tanti per impedire ad un vecchio incubo di tornare. Un uomo lavava un grosso coltello da cucina all'acqua della fontana, davanti alla "vecchia scuola" del paese, quella che era diventata la nostra casa. Il coltello era sporco di sangue e io capii che l'uomo era un assassino.

– Che cosa hai fatto con quel coltello? –.

– Ho "sbuzzato" un coniglio –.

Grande mio sospiro di sollievo.

– E dopo che cosa ci fai? –.

– Ci ammazzo una donna –.

Una trafitta al cuore. – Quale donna? –.

– Una donna –.

Insistevo per sapere chi fosse la donna. Cercavo di trattenerlo, ma si liberava di me con uno strattone.

Misteriosamente, sapevo che la donna era mia madre e poi, negli anni passati, quell'incubo si era ripresentato in versioni diverse ed era stato inutile dirmi che stavo sognando, col trucco che aveva avuto successo col leone. E, comunque, anche se fossi riuscita, nel sogno, a convincermi che stavo sognando, non sarebbe bastato a farmi soffrire di meno. Al risveglio mi sarebbe rimasto il rimorso di non aver impedito all'assassino di raggiungere la mamma.

Seguii l'uomo, insistendo a domandargli spiegazioni.

– Se non vuoi dirmi chi è quella donna, dimmi almeno perché vuoi ucciderla –.

Egli aveva affrettato il passo ed io stentavo a stargli dietro. Per le scale di casa nostra, dove sapevo esserci la mamma, le gambe mi fecero il solito scherzo, si bloccarono per il terrore.

"Prima di svegliarmi, pensai, devo urlare. Almeno una volta devo riuscire ad urlare".

E, miracolosamente, urlai. Un urlo che mi sorprese. Lo avevo sperato, è vero, ma già rassegnata alla sconfitta. Gridai, con tutta la voce a mia disposizione.

– Mamma, stai attenta! –.

L'assassino si voltò verso di me con un'espressione di collera furiosa sul viso. Alzò la mano e lanciò il coltello. Mi colpì proprio al centro del petto. Avvertii una trafitta lancinante, pensai: "Oh, Dio... muoio".

Mi svegliai. Il sogno era svanito, ma il dolore fisico restava, quasi che il coltello mi stesse ancora conficcato dentro. Dovevo essermi lamentata perché la mamma si era alzata e stava china sul mio letto. Mi controllava la temperatura, toccandomi la fronte con le labbra. – Non ti senti bene? – chiese.

– Mi fa male qui – e mi toccai il petto – È come se ci avessi un coltello –.

E provavo un irrefrenabile orgoglio per averle salvato la vita, in sogno, a spese della mia. Mi sarebbe piaciuto raccontarle tutto perché capisse quanto le volevo bene.

– Devi aver digerito male –.

– Mi fa male il cuore, non lo stomaco –. E non ebbi più voglia di raccontarle il sogno.

– È la bocca dello stomaco – sentenziò. – Tienici la mano sopra e vedrai che ti passa. E cerca di dormire –.

Mi rincalzò le coperte e se ne tornò nel suo letto.

Invece, stranamente, avrei voluto conservare il più a lungo possibile quella sensazione di dolore nel punto dove per me c'era il cuore, visto che là lo avevo collocato in sogno e invece, per lei, era la bocca dello stomaco. Mi sentivo orgogliosa, come per aver vinto una difficile battaglia. Adesso sapevo, misteriosamente, che quel sogno non sarebbe più tornato. E, qualche volta, mi sorse il dubbio che in realtà la vittima predestinata fossi io e non lei. Fin dal principio. Soltanto che, nelle esperienze precedenti, mi ero svegliata prima della conclusione.

# Diciassettesima istantanea

*Marina è stranamente silenziosa, lei che sempre interviene e commenta. L'altra donna, questa volta, prende l'iniziativa.*

*– Penso che siano fra le ultime pagine che tu hai scritto. In esse si evidenzia l'effetto, almeno dal tuo punto di vista. Una volta che riesci a raccontare un'esperienza, non c'è più dolore, ma un senso di liberazione –.*

*– Ho scritto anche altri episodi successivi, di anni più recenti –.*

*– Ma hai lasciato "i sogni" per ultimi, con qualche frammento mancante che cercherò di aggiungere io. Forse, per l'incapacità di inserire quei particolari, ti sei fermata, nascondendoti dietro pretesti, sia pure molto plausibili e importanti –.*

*– Avresti potuto fare la psicologa –.*

*– Se gli esami non **ti** avessero sempre tanto spaventata, forse avrei potuto. Non ho trascurato alcuna lettura, in proposito: la mia biblioteca è ricca di testi di psicologia. Ma soprattutto "ho pensato", ho riflettuto molto, ho meditato. Non ho rimpianti. Non è tuttavia così importante studiare i pensieri degli altri, quanto il nostro pensare. Il Pensiero è il tramite che ci mette in comunicazione col Divino.*

*– È un concetto ambizioso – mormora Marina – quasi irriverente –.*

*– È **Pensiero** –.*

*Ad osservarle dal di fuori, si ha la sensazione che le tre figure nella stanza si trovino in un ambiente riservato, dove altri non possono entrare. Ma non si prova disagio per quell'esclusione.*

# FRAMMENTI

Ci sono ricordi, nitidi e precisi, ma rapidi come lampi di magnesio che impressionano l'immagine e rimangono indelebili nel tempo. Spesso sono immagini apparentemente senza storia e senza spiegazione, quindi vengono messe da parte, forse in attesa che qualcuno sappia classificarle, dando loro la giusta collocazione.

Gli zii Anna e Giovanni, durante il loro viaggio di nozze, dalla Sicilia, fecero un'improvvisata in Romagna, ai parenti. Marinella s'era fatta l'idea che arrivare senza preavviso fosse normale. Ma in tempi di guerra, o anteguerra, per l'Italia, era più facile partire e arrivare, piuttosto che telegrafare, o scrivere. E, comunque, non si pose tante domande, l'unica, ma la pensò soltanto, fu come mai il babbo indossasse la divisa e a casa non ci fosse mai, mentre gli altri, invece, erano così liberi di partire e arrivare, viaggiare.

La mamma cedette il proprio letto agli sposi novelli e qui Marinella osò: – Ma io dove dormo? –. Di solito dormiva nel letto matrimoniale.

Sua madre la rimproverò: – Non fare la maleducata. Dormi con me, in salotto, nella poltrona letto –.

La bambina si domandò, come altre volte si era domandata, perché mai, nella stanza della zia Maria, dopo che era morta, non ci aveva più dormito nessuno. Anche questa era una delle infinite domande senza risposta.

Lo zio: – Lasciala dormire con noi, ci fa piacere –.

E, dopo qualche insistenza nel rifiuto, la mamma cedette. Sembrò un bel diversivo, la incuriosiva molto. E gli zii fisicamente le piacevano. Erano entrambi alti e molto attraenti. Lui biondo con gli occhi azzurri, somigliava al nonno, a parte l'altezza. La zia Anna aveva un viso che sembrava di porcellana, incorniciato da folti capelli nerissimi e anche gli occhi erano neri e molto grandi e luminosi.

Qui il ricordo si ferma fino a quando, nella notte, la luce accesa la svegliò. Sentì parlottare e socchiuse gli occhi. Vide lo zio Giovanni attraversare la stanza, completamente nudo. Lo vide di spalle. Lo spettacolo delle natiche nude, di colore più chiaro rispetto alle altre parti del corpo, la divertì molto. E infatti rise.

– La bambina si è svegliata. Dovevi stare più attento – disse la zia. E fu quel rimprovero a rendere indelebile il ricordo.

Anche la zia Rosa, moglie di Michele, venne a trovare i parenti in Romagna, non so se con preavviso o no. Essendo il marito un ferroviere, aveva i biglietti gratuiti per viaggiare. Anche di quell'occasione, rimase un nebuloso ricordo di disagio notturno. Marinella dormì con la cugina Luciana, coetanea sua, su di un materasso per terra. Si risvegliò col naso chiuso e gli occhi cisposi, non so se per la polvere, o il freddo.

A parte la premessa, l'attenzione della piccola fu catalizzata dal cugino Giorgio, un ragazzino che le sembrò molto interessante e degno di attenzione. Forse perché le fece i soliti complimenti che gli adulti fanno ai bambini, come se fossero dei deficienti: "Che bella bambolina... ma che carina... ricciolina..." e così via. Come se lui fosse stato un uomo e lei una bambina piccolissima. Infatti la tirò su a sedere sulle ginocchia, come gli adulti di casa non facevano più, dopo che era nata Giuliana. Comunque, incuriosita, lo lasciò fare e si lasciò accarezzare i capelli, studiandolo. Più che bello, perché bello non era, le sembrò grande, anche perché faceva di tutto per sembrarlo. Assecondò quel suo atteggiamento magnanimo, verso lei-bambina. Per ricambiarlo, gli baciò una mano. Ne restò sorpreso, ma ne fu lusingato. Si dava arie da uomo e aveva undici anni, o giù di lì. E, comunque, rispetto ai quattro anni della cuginetta, era un'età più che autorevole.

La bambina giocherellò con la mano del cugino, ormai abbandonata completamente fra le sue, riprese a baciarla, a piccoli bacetti intermittenti. Notò di fargli molto piacere, percepì che basta poco per lusingare la vanità di qualcuno. Da dove nascesse quell'impulso, istinto, civetteria, deferenza, resta ancora un mistero. Gli baciò il dorso della mano, il palmo, poi dito per dito... E Giorgio lasciava fare, molto compiaciuto; ormai le aveva "ceduto" la propria mano per quel gioco così gradevole. Stava con gli occhi socchiusi, come un gatto quando fa le fusa e accettava quelle effusioni e il piacere che ne derivava.

Non sono mai riuscita a stabilire che cosa mai scattasse nella mente della bambina, forse fu quella similitudine con il gatto. In un raptus improvviso, gli morse un dito, trattenendolo fra i denti. Giorgio, cercando di ritrarre la mano, ottenne di farsi più male. Gridò come un normale bambino di undici anni. Per Marinella, un lampo di trionfo.

– Che cosa ti è preso! Mi hai fatto male – urlava Giorgio.

Ci fu un po' di confusione intorno e questo sembrò dispiacere al cugino, come per aver dato segno di qualche debolezza. Quindi tentò di far l'uomo e la difese quando la chiamarono "cattiva" e "pazza". La bambina, anche se un po' si vergognava di quell'impulso imprevedibile e nello stesso tempo irresistibile, non ne era pentita. Era come aver dimostrato che, anche se grande e grosso, il cugino era un bambino, né più né meno di lei.

## Diciottesima istantanea

Nella stanza dalle pareti bianche, c'è come un senso di disagio, o di mistero. Lo sguardo della bambina è pieno di domande rivolte alle altre due. Vorrebbe ora una chiara spiegazione, una risposta.

– Non so darle spiegazioni – dice Marina – Ho scartato quei "frammenti" di ricordo, anche se così vivi nella mente, proprio perché non saprei rispondere a me stessa –.

Maria ha un tono di voce pacato, un tono di resa: – Sono particolari importanti che vanno recuperati. Come per un mosaico, se manca qualche pezzetto, il disegno non è completo. E poi la bambina lo chiede con insistenza –.

– È così importante spiegare? –.

– Più che spiegare è importante capire. Tu pensi di aver capito? –.

– È possibile. Però la bambina mi chiede di raccontare, non di spiegare. In quanto a capire, ciascuno può, o sa, a modo suo. Ognuno di noi ha il proprio grado di comprensione, la propria verità. E non è detto che una verità sia più, o meno, vera dell'altra –.

– La bambina non ti chiede di fare filosofia. È più facile che ti chieda di aiutarla a capire. Per lei, in ogni caso, tu rappresenti la parte terminale del suo futuro. È logico che voglia conoscere che cosa cambieresti, se potessi tornare indietro –.

– Posso rispondere: niente cambierei. Sono io perché ho vissuto "quelle" esperienze. Con esperienze diverse, sarei un'altra. Non so se migliore, o peggiore, ma sicuramente un'altra. È possibile, secondo alcune teorie, che io stessa abbia scelto, prima di nascere, il mio percorso. Scelto le mie difficoltà, le mie amarezze, la mia capacità di percepire i barlumi di gioia... –.

– Se, piccolissima, già desideravi morire... È probabile che fossi già pentita della scelta –.

C'è sarcasmo nella voce di Marina.

– Questo riguarda la piccola. Posso ricordare un episodio che disturba più te che la bambina. A dieci anni, fece un miscuglio di medicine trovate in un cassetto, lo sciolse in un bicchiere d'acqua e lo bevve –.

– Non è leale da parte tua...–.

Maria è inesorabile.

– Stette molto male per giorni: nausea, vomito, capogiri, di tutto un po'. Di sicuro non morì. Nessuno capì, né si interessò più di tanto. Pensarono ad un'indigestione. Giurò a se stessa di non provarci più –.

– Come quella volta che giurò di non piangere più? –.

– Precisamente –.

– Pensi che il progetto di suicidio sia il desiderio di punire gli altri? –.

– Molte volte sì. Però ci sono anche altre infinite ragioni. Si potrebbero riempire pagine su pagine, un intero trattato. Per la bambina fu stanchezza, incapacità di sopportazione, rifiuto. Chi lo fa per punire, o per attirare in extremis l'attenzione, lascia segni evidenti, tracce ben precise, lettere. La bambina fece sparire boccette e scatole vuote, le avvolse in carta di giornale e gettò il tutto nella spazzatura –.

– Sua madre, invece, usava la minaccia del suicidio come arma di ricatto, quando la bambina, non so se altri, rifiutava di soddisfare un suo capriccio irrazionale –.

– Ci fu quella volta che, per punire la figlia, in inverno, uscì sul terrazzo pieno di neve, in camicia da notte e piedi nudi. Così mi prendo una polmonite e muoio e la colpa è tutta tua, le disse –.

– Fu forse in quell'occasione che in Marinella nacque la ribellione, il rifiuto alla sopportazione – mormora Marina.

– Potrebbe essere stato un motivo simile, la ragione di quel tentativo fallito? –.

– Non so. Ci furono tanti ricatti, o minacce, da parte della madre, un intero intento di colpevolizzazione... Difficile risalire ad una ragione in particolare –.

– Non è più storia della bambina –.

– *Come no: è il suo futuro, vedi come ci ascolta attenta e interessata? Aspetta di sapere se quel cordone ombelicale mal concepito, verrà, ad un certo punto, reciso.*

# LA CONFERMA

Marinella ebbe molti sogni ricorrenti che la seguirono, o inseguirono, negli anni dell'infanzia e oltre. Ma ce ne fu uno solo, di un'unica volta, che avrebbe potuto tranquillamente dimenticare, tanto fu evanescente. Invece, le si fissò nella memoria, indelebile.

Era piccolissima, non più di tre anni, forse meno. La "nata vecchia" che era in lei le impose di ricordarlo. E la bambina trattenne nella mente quel frammento preistorico, un reperto archeologico, nell'attesa che qualcuno riuscisse a decifrarlo, se non ne fosse stata capace da sola.

È possibile che anche altri bambini abbiano, piccolissimi, quel sogno, o sensazione. Forse tutti. E che sia normalissimo dimenticarlo, perché ininfluente sul corso degli eventi successivi. Se la bambina ha così fedelmente ricordato, deve esserci una ragione, uno scopo importante. La conferma di una teoria, un'ipotesi tenace che, solo nell'età matura, si sarebbe presentata determinata, nata dalla percezione di una verità che la sua anima aveva sempre conosciuta.

La bambina, raggomitolata ai piedi del letto matrimoniale, sopra la trapunta, si era addormentata. In quella posizione raccolta, piccola com'era, sembrava un cuscino, si confondeva con i disegni arabescati. O forse, semplicemente, era andata a ritrovare la posizione fetale, nel grembo materno, prima della nascita.

Era stata una di quelle circostanze in cui si allontanava dalla vista e attenzioni degli adulti per estraniarsi dai loro problemi. Si rifugiava nella sua solitudine così ricca di immagini e pensieri. Il sonno l'aveva colta di sorpresa, in un'ora insolita del giorno. Dormendo, aveva sognato. Visioni e situazioni, familiari nel sogno ma incomprensibili al risveglio, tanto che sfumarono e si dissolsero al primo battito di ciglia.

Invece, rimase intensa la sensazione, sconvolgente e tenera insieme, sia fisica che sentimentale, con la nostalgia struggente di momenti conosciuti e ormai perduti. Ciò che avvertì nitidamente fu la vibrazione, la corrente di energia che la percorse tutta, dalla testa ai piedi e viceversa. In qualche modo tentò di trattenerla e, quando si affievolì e scomparve, cercò di ricostruirla; inutilmente. Provò più volte, in seguito, senza risultato. Però mantenne dentro di sé, nitido, il ricordo. Senza alcun riferimento, senza spiegazione, ma sempre col desiderio inconsapevole di ritornare là, dove l'aveva portata il sogno.

Finché un giorno, adulta, accadde. Riconobbe, e l'emozione fu violenta, la vibrazione intensa e sconvolgente, rimasta nel suo ricordo. Fu quando amò un uomo per la prima volta e si unì con lui anche fisicamente. Fu consapevole di quel collegamento e le sembrò pazzia, come una profanazione. Ma proprio l'innocenza indiscutibile della bambina, meno di tre anni, anche se apparentemente sconcertante, era il punto focale, fermo e preciso, solido e inattaccabile.

Memoria genetica, o memoria di vite precedenti?

# Diciannovesima istantanea

C'è perfetta sintonia di pensiero fra i tre personaggi femminili, nella stanza dalle pareti bianche. Hanno età diversa, punti di vista e reazioni diverse, ma un filo tenace e vibrante li collega e li tiene uniti anche nei momenti di contrasto. In ogni caso, si compensano a vicenda.

La più ribelle forse è Marina. Ha ancora l'età dell'incertezza e dei dubbi, inconsapevoli desideri di rivalsa e l'impegno di importanti traguardi che si dimostreranno illusori. Maria invece che non si pone più traguardi, né ritiene di essere arrivata. È convinta che le sue scelte passate, giuste o sbagliate, nel susseguirsi degli avvenimenti, abbiano predisposto questo incontro a tre.

Marinella è sicuramente una presenza dominante. È come se sprigionasse un alone di energia, fatto di luce e ombra. Si dipana come un nastro e avvolge le altre due in un abbraccio, così da comporre una sorta di anello, o cerchio, che va a congiungersi. Dalla bambina è partito e a lei ritorna.

La voce di Marina è appena un sussurro: – Hai raccontato con grande delicatezza, io neanche ci ho provato. Non ne ho avuto il coraggio, sempre per il terrore di venire fraintesa. Esattamente come la bambina.

– Ho semplicemente interpretato i vostri pensieri –.

– Non soltanto. Li hai anche organizzati e tradotti in parole. È più facile pensare, piuttosto che tradurre i pensieri in parole, senza alterarli –.

– Sai bene che la vostra presenza mi ha aiutata –.

– Per te, quell'episodio, è la prova di esperienza di vita precedente? –.

– Certo fa pensare, ma non sento l'esigenza di trovare prove. Io racconto perché la bambina lo chiede con molta determinazione. Penso che sappia trarne le conclusioni che le sembrano più giuste –.

– *Anch'io penso che, di noi tre, sia la più saggia –.*

*Si accorgono che Marinella le sta osservando. Sul viso le aleggia un'espressione di vago compatimento.*

Mi sembrava di aver conquistato una posizione strategica, là, sulla porta di casa che si affacciava sull'orto. Pomeriggio avanzato, popolato di ombre. Non sentivo il freddo, mi scaldavano l'ansia e l'eccitazione. Avevo visto entrare, due ore prima, l'ostetrica, a passo svelto e deciso. S'era rinchiusa nella camera da letto, con la mamma e la nonna. M'era venuta la tentazione di origliare dietro quella porta chiusa, ma avevo resistito.

Avevo visto entrare, e uscire, l'amica della mamma, la signora Frani, anche lei prossima a partorire e, sul suo viso, avevo cercato di leggere qualche riflesso di ciò che stava accadendo nella stanza chiusa.

Non le avevo rivolto domande, ferita che spontaneamente non mi informasse. Pensavo di aver diritto io di sapere, più di quanto non ne avesse lei. Meditavo vendetta. Chiudere il portone di casa per costringere lei a bussare e gli altri ad aprirle.

Fuori, adesso nevicava e la neve, nel buio, s'intuiva più che vederla.

Il languore che avvertivo, una specie di crampo alla bocca dello stomaco, forse, oltre l'ansia, era anche fame. Poi ci fu un suono improvviso che mi fece sobbalzare: la sirena dell'allarme aereo. La vicina passò di nuovo, ansando, vacillando per l'avanzata gravidanza. Nell'uscire mi urtò.

– Oh, tu... Scappa nel sottoscala, non senti l'allarme? –. E corse attraverso il cortile, nel buio, ad occuparsi delle sue figlie e anche di mia sorella Giuliana che le era stata affidata. Mia sorella aveva tre anni, due meno di me.

Si spensero le luci della mia e delle altre case in lontananza, così fu buio completo o quasi, perché intravedevo fuori, il biancore della neve. O forse soltanto lo intuivo. Non mi mossi, cominciava ad entrarmi dentro la paura del buio, quella che non avevo mai avuta. Il buio avrebbe acquistato per me, col tempo, una consistenza palpabile, avviluppante, che oppone resistenza. Schiacciata contro il muro, pregai. Prima balbettai, poi il suono della mia stessa voce mi spaventò ancora di più. Seguitai mentalmente con l'unica preghiera che conoscevo. Mi sembrò inadatta alla circostanza, così improvvisai: "Gesù, proteggi la mamma, la nonna, la sorellina, me. Per piacere, anche la mia bambola. Magari anche l'ostetrica, i vicini di casa...". Nel pericolo diventavo generosa.

Rimasi immobile, giù al piano terreno, con la porta aperta che dava sul chiarore della neve. Faceva piuttosto freddo, ma non lasciavo quella postazione che mi permetteva di seguire i movimenti di chi entrava e usciva. Nello stesso tempo, seguivo i rumori al primo piano, dove c'era la camera della mamma. Le orecchie mi dolevano nello sforzo di costruire qualche voce. Mi disturbava perfino il battito del cuore che mi pulsava contro i timpani, enorme. Ci fu il sibilo di un bengala e lo scoppio successivo. Ci furono luci nei campi e riflessi rossi nella neve.

Un fienile prese fuoco in lontananza. Ora tremavo, non so se più per la paura o per il freddo. Mi vergognavo di aver paura. Guardavo fuori per non dover cedere alla tenacità del buio.

Ci furono dei passi affrettati, su, al primo piano. In quel momento, ci fu anche l'urlo di mia madre. Lungo, acuto, selvaggio. Credo che mi si fermasse il cuore. Sperai di morire con mia madre, convinta che fosse stato il grido di una moribonda.

La vicina attraversò il cortile con un lume a petrolio in mano.

– Che ci fai ancora qui – mi rimproverò – è pericoloso. Raggiungi gli altri che sono andati a nascondersi nell'orto, dentro il fosso –. Senza rendersi conto di quanto io fossi poco vestita e come battessi i denti per il freddo.

Per fortuna, ci fu il cessato allarme. Tornò la luce elettrica.

La Frani bussò alla porta della camera da letto. Io l'avevo seguita fino agli ultimi scalini e lì m'ero accucciata per passare inosservata.

– È nato? –.

Rispose un vagito, il mio cuore impazzì.

– Ditemi cos'è e me ne vado tranquilla – seguitò la vicina, convinta non so perché, che il sesso del neonato potesse influenzare quello del proprio nascituro. E, d'altra parte, devo dire che coincise perfettamente, così come era coinciso quello delle due figlie precedenti. Come se ci fosse stato un patto segreto fra le due gestanti.

Pregai che fosse un maschio e mi dispiacque di non aver sottolineato quel particolare nella preghiera precedente.

La mamma aveva tanto sognato un maschietto e aveva anche vissuto quella terza gravidanza, al contrario della precedente, con tanta fiduciosa allegria.

– È un maschio! – trionfò la voce di mia madre. Dunque era viva!

Sparì l'orgoglio, il senso di abbandono ed io saltai gli ultimi due scalini, raggiungendo il pianerottolo.

– Voglio entrare –. Gridai, picchiando i pugni contro la porta. La vicina rideva e mi tirava via. Le diedi un calcio negli stinchi.

– Il fratellino è mio e tu non c'entri per niente! –.

– Sei maleducata e cattiva – mi bisbigliò vile. Non mi offesi come in episodi precedenti, anzi gonfiai di soddisfazione. Presi a calci anche la porta e scoprii che quell'esercizio riusciva a... riscaldarmi.

La donna spiegò a voce alta: – È una belva infuriata –. Forse gli altri, dietro la porta, pensavano che fossi rimasta tutto il tempo in casa sua e non al freddo, sull'uscio che dava sul cortile. Certo non potevano supporre l'agonia di quelle ore.

La voce della mamma promise:– Aspetta ancora un momento, poi ti faccio entrare –. Mi tranquillizzai, però volli chiarire: – È mio fratello, voglio vederlo io, per prima e da sola –. E lanciai un'occhiata eloquente alla signora Frani.

Finalmente entrai. Vidi il bambino. Non so come lo vidi, però mi sembrò bellissimo: biondo e con gli occhi azzurri. Lo amai subito. Tuttavia mi tormentava ancora un pensiero.

– Perché hai gridato, mamma? –.

– Gridato, io?! –. Finse di meravigliarsi. Rabbia e delusione, come sempre quando mi mentiva e credeva di convincermi con una stupida bugia.

– Sì, hai gridato –.

– Ma no, ti sarà sembrato. Cantavo, sai. E poi ridevo di felicità –.

– Hai gridato come una che muore – drammatizzai.

– Che cosa dici, sciocchina! È che, gridando, imparerai da grande, sembra che il bambino nasca prima –. Modificava la versione.

– Non hai sentito dolore? –. Non ero ancora persuasa.

– Per niente –.

Non mi convinse, ma mi rassegnai. Mia madre avrebbe raccontato alle sue amiche:

– Il terzo parto? Una sciocchezza. Non ho sofferto. In meno di mezz'ora tutto finito, chiacchierando con l'ostetrica del più e del meno –.

In seguito, avrei completato fra me, con ironia: – E cantando "Un bel dì vedremo" dalla Butterfly"–. Un brano che mia madre, con la sua bella voce di soprano, cantava spesso.

## Ventesima istantanea

– Mi domando perché tanta differenza, mormora Marina, fra la nascita di Giuliana, tre anni prima e quella di Giovanni, il fratellino, in tempi molto più pericolosi e difficili, sotto diversi aspetti –.

– Intanto, l'idea del maschio. Anche Marinella era stata contagiata da quella prospettiva. Un'altra femmina sarebbe stata una delusione –.

– Non potevano prevederlo, allora non esistevano le ecografie. Eppure, l'atmosfera della casa, nell'attesa, era stata gioiosa. Per la sorellina, invece, una cappa di tristezza. È strano, perché i rapporti fra il padre e la madre erano peggiorati e il dramma della guerra era tangibile sulla pelle di tutti –.

– Non indagare a tutti i costi. La nascita di Giovanni, per la bambina, fu uno dei suoi rari momenti di gioia –.

# LA BAMBOLA VIVA

Ebbe un'unica bambola: Vittorio. Fu stabilito che fosse un maschio dai capelli dipinti sulla testa. La scelta del nome fu sicuramente determinata dall'epoca. Fosse stata con abiti e capelli femminili, chi gliela aveva regalata l'avrebbe battezzata "Vittoria", sostantivo che allora andava per la maggiore. Il nome di Vittorio fu un ripiego.

Non ricorda, la bambina, di aver giocato con quella bambola. Fu collocata a sedere su di una poltrona e, quando sua sorella Giuliana imparò a reggersi diritta e poi a camminare, fu il suo primo bersaglio. Come più o meno accade a tutti i bambini di quell'età, cercò di togliere gli occhi alla bambola della sorella più grande.

Riuscì soltanto a spingere dentro le orbite gli occhi di vetro della bambola Vittorio. La madre dovette immaginare che per Marinella fosse un grande dispiacere e si precipitò a farla riparare. Lei invece rimase abbastanza indifferente, si limitò a riflettere che forse sarebbe stato il caso di regalare una bambola anche a Giuliana.

La sorellina invece fu sgridata. Una volta riparata, la bambola fu messa dentro un armadio e, solo ora che scrivo, riconosco che fu una crudeltà nei confronti di Giuliana.

Quando nacque Giovanni, fu come se Vittorio avesse preso vita. Un po' come Pinocchio che, diventato bambino, lasciò il burattino inanimato in disparte. Dilemma di un'ingiustizia inconcepibile, nelle sue prime letture.

La bambina amò smisuratamente il suo fratellino, per quell'istinto materno che contraddistinse tutta la sua vita. Sua madre, per via del lavoro, stava pochissimo in casa, ma, quando c'era, il piccolo, lo accudiva lei.

Marinella non li perdeva un attimo di vista. La donna la lasciava assistere anche al cambio dei pannolini. Forse temeva che potesse ingelosirsi del fratellino. Ma sbagliava. Lei invece pretendeva di controllare che al bambino non accadesse del male. Per esempio che lo spillone perforasse solo la stoffa e non la carne.

Naturalmente scoprì che i maschietti hanno un attributo che le femmine non hanno. È molto strano, ma non fece mai domande a tale proposito, né sua madre pensò di darle spiegazioni spontanee.

Dopo averlo imborotalcato, la mamma lo baciava, impiastricciandosi le labbra di borotalco. Fu durante quel rituale che una volta Giovanni le zampillò la pipì in faccia. A Marinella sembrò un accidente grave e irriverente. Tremò per il fratellino. Invece la mamma rise come una matta, come se quel liquido fosse stato champagne e invitasse all'allegria...

Quando la mamma riprese il lavoro, era primavera inoltrata. La bambina aspettava con ansia che uscisse di casa. Come possono cambiare i sentimenti! Allora Giovanni diventava tutto suo. Qualche volta, gli cambiava perfino il pannolino. Lo faceva sotto il controllo della nonna. Stava in piedi su di un pacchetto, mentre il piccolo era sdraiato sul tavolo che fungeva da fasciatoio. Dolcissima nonna che assecondò quel suo desiderio. Nessuna meglio di lei conosceva la caparbia determinazione di quella bambina nel pretendere rispetto e fiducia. Dopo che il piccolo era stato cambiato, glielo affidava completamente.

Spingeva il passeggino sul quale stava Giovanni, avanti e indietro nel cortile di casa, poi si azzardò anche per strada. Bisogna sempre considerare che per strada non c'erano particolari pericoli.

La strada sterrata era piuttosto lunga. A percorrerla più volte, andata e ritorno, diventava un percorso di chilometri. Ad ogni passo, Marinella si sentiva crescere in altezza. Era consapevole degli sguardi stupiti e disapprovanti delle donne alle finestre. Le arrivava qualche commento scandalizzato. Da incoscienti affidare quell'innocente di pochi mesi ad una bambina piccola anche lei. La stessa che aveva cercato, tempo prima, di annegare i gattini. Che cervello, in quella famiglia!

Quell'andirivieni, spingendo il carrettino, era come prendersi una rivincita sugli sciocchi pregiudizi della gente. Ma, dopo un'ora di ostentazione orgogliosa, la stanchezza le pesava sulle gambette gracili. E Giovanni, invece, sempre più vispo e interessato a guardarsi intorno. Anche lui, in qualche modo, percepiva l'interesse suscitato nelle donne alla finestra. Allora la sorellina cominciava a parlargli piano, con ritmo dolce, suadente e monotono, quasi una cantilena e, di quando in quando, si soffermava a carezzargli lieve la fronte, scivolando sugli occhi. Le palpebre di Giovanni si chiudevano e lui si addormentava.

Quando la bambina ritornava a casa, la nonna commentava: – Com'è che con te si addormenta sempre? Sarebbe meglio che dormisse di più la notte... –.

Seduta sulla sedia, con la spalliera rivolta a venti centimetri dal muro esterno della casa, teneva *Nino* sulle ginocchia. Considerando che il piccolo, a tre mesi, pesava sette chili, non era impresa da poco. Isabella Frani, sua coetanea figlia della vicina, si fermava ad osservarla a pochi metri di distanza, con invidiosa bramosia. Anche la sua mamma le aveva partorito un fratellino, Luciano, nato un mese dopo il suo, però mai glielo avrebbe affidato. Dopo un po' infatti la vedeva correre in casa, dove sicuramente impiantava una "bizza", perché io no e lei sì?

Ed ecco la signora Frani sul "sentiero di guerra" venire a controllare, fuori, la causa o la pietra dello scandalo.

– Ma i tuoi lo sanno che lo hai preso in braccio? –.

– Certo che lo sanno. Lo faccio tante volte anche in casa: tanto sto seduta e non mi pesa –.

Però sapeva benissimo che si preoccupava per lui e non per lei.

Allora, con sfida, cominciava a dondolarsi sulle gambe posteriori della sedia, lasciandosi poi andare su quelle anteriori sollevate, provocando un bel rumore sonoro del legno che batteva sul cemento, mentre ondeggiava anche col corpo, così che sembrava quasi stesse cadendo.

– To–to–toc... Cavallino harri harrò –.

– Non hai paura che il bambino ti cada? –.

– No, perché lo tengo stretto –.

– Puoi cadere anche all'indietro e spaccarti la testa –.

Dalla voce minacciosa sembrava quasi che glielo augurasse.

– Non vedi che mi sono messa col muro alle spalle? –.

To-to-toc-to-to-toc...Viveva il massimo dell'esaltazione.

Giovanni rideva, si divertiva molto e le batteva le mani sul petto, assecondando il movimento, quasi a scandire il tempo. La signora Frani, costernata, le girò le spalle e rientrò in casa. Marinella, con la massima attenzione, perché ci teneva, lei per prima, alla salute di Giovanni, seguitò a dondolarsi.

Era come trovarsi, col fratellino stretto al cuore, sopra una piccola isola di felicità in un oceano di dispiaceri. Nessuno le avrebbe tolto quegli attimi ormai suoi, perché vissuti. Neanche quando la Frani fece "la spia" con la mamma. E questa si sarebbe lamentata con la nonna.

– Quando ti fa comodo, la consideri grande. E guarda che Marinella, con Giovanni, è brava quanto te –.

– Va bene, va bene... Ma che lo dondoli solo in casa, il fatto è che la Frani ha paura che Isabella, quando lei non vede, voglia imitare Marinella –.

Dunque ecco la vera ragione: che soddisfazione! Nemmeno lei però si fidava della coetanea Isabella... Da quel momento dondolò il fratellino, soltanto in privato.

## Ventunesima istantanea

*Maria è pensierosa. La bambina ha un'espressione interrogativa, sembra domandarsi quale sia il problema. Poi la donna commenta:*
– Mi domando se fosse più forte l'affetto, o l'orgoglio –.
*Marina ribatte:* – A parte che l'uno non esclude l'altro, può darsi che ci sia una componente di vanità. Forse. Le piaceva esibirsi, farsi invidiare da Isabella e, nello stesso tempo, indispettire la signora Frani. Può darsi anche provocarla –.
– Povera signora Frani... È sempre stata una madre esemplare... –.
– Mi fai venire un sospetto... Forse, la propria madre, nel confronto con la signora Frani, ci scapitava. Si spiegherebbero l'antipatia e i dispetti –.
– È possibile, ma non drammatizzerei. Il suo comportamento, in quest'ultimo caso, è tipico dell'età infantile –.
– Potrei azzardare che, crescendo, la bambina si sia "normalizzata", adeguandosi all'età anagrafica? –.
– Non è mai stata nettamente "grande, o "piccola". E, comunque tieni presente che ha cinque anni più del fratello –.
– Hai ragione, a volte, io stessa lo dimentico –.

# LEZIONI RUBATE

Durante le mie passeggiate pomeridiane, avevo scoperto, fermandomi sotto una finestra al piano terreno, che una giovane maestra stava insegnando a leggere e scrivere ad una bambina del vicinato. Il mio sogno. Pensare che anche mia madre era maestra... Ma, ogni volta che le avevo chiesto di insegnarmi, mi aveva risposto che era troppo presto e poi non aveva tempo. Del resto, non avevo saputo insistere.

Mi sorpresero a spiare.

– Che cosa ci fai qui sotto? – chiese la maestrina.

Balbettai: – Non faccio rumore... ascolto soltanto –.

– Se vuoi, puoi entrare. Basta che non disturbi –.

Così presi l'abitudine di assistere a quelle lezioni. Stavo silenziosissima, quasi non respiravo. Attenta a non farlo trapelare, imparavo a leggere.

Però un giorno mi tradii.

Quella bambina, di cui non ricordo il nome, proprio non riusciva a decifrare una parola. L'insegnante perse la pazienza.

– Scommetto che lei, tanto più piccola di te, sa leggerla –.

E mi indicò la parola incriminata. Provai un'emozione violenta, fui proprio bambina, lessi: – Candela –.

La ragazza era sbalordita. – Quando hai imparato, quanti anni hai? –.

– Quattro –.

– Ti ha insegnato la tua mamma? –.

Non sapevo mentire, mi sentivo una ladra, così come lei si sentiva derubata delle sue lezioni. Per peggiorare la situazione, l'altra bambina si era messa a piangere, mortificata.

L'insegnante disse: – È meglio che tu non venga più, se no, lei ci sta male. Sono la sua maestra, non la tua –.

Mi vergognai terribilmente e naturalmente tacqui con mia madre quella che ritenevo una colpa.

# ADDIO

L'insistenza della sirena d'allarme fu tale che la mamma si alzò e svegliò noi bambini. La nonna già si era alzata e, da sotto le scale, ci chiamava. Altre volte era suonato l'allarme di notte ed eravamo rimaste a letto, per fatalismo o incredulità, o incoscienza. O perché la guerra ancora ci sembrava una realtà lontana.

La consistenza del rombo degli aerei *nemici* ci fece capire che doveva trattarsi di una formazione numerosa e malintenzionata. O forse fu un presentimento. Ci coprimmo a malapena (e poi era estate) e uscimmo in fretta. Una voce femminile si lamentò di non avere, nell'urgenza, indossato un certo indumento intimo, sotto la camicia da notte. Qualcuno, istericamente, rise.

La nonna teneva per mano Giuliana, non so chi delle due, correndo, incespicasse di più. La mamma correva avanti agli altri, stringendo il piccolo Giovanni contro di sé. Vedendo il suo atteggiamento protettivo e trepido, forse ne fui gelosa, o forse mi sembrò del tutto naturale. Mi ricordai di Vittorio, il bambolotto rimasto chiuso nell'armadio. Mi sembravano inutili le mie braccia vuote. Per contrasto, non ce la facevo a tenere il passo degli adulti, gridai a mia madre: – Ho lasciato a casa Vittorio, devo tornare a prenderlo –.

Non avvertì il mio indecifrabile rimprovero: lei aveva Giovanni, io nessuno.

La mamma intimò: – Non dire sciocchezze, è soltanto una bambola ed è un secolo che non ci giochi. Pensa a correre piuttosto! –.

Intanto, nel cielo si accendevano i bengala, illuminando a giorno e sembravano festosi fuochi d'artificio. Una donna si lamentò di essere vestita di bianco (forse la stessa scappata senza mutande) e quindi più visibile. Sentivo alle spalle il respiro affannoso della nonna, mentre Giuliana piangeva, chiedendo di essere presa in braccio.

La prima sorprendente esplosione fu talmente vicina da risultare assordante. Un boato indescrivibile. Ci fu addirittura uno spostamento d'aria che mi buttò a terra. Ci furono delle grida. Una mano mi aiutò a rialzarmi. Corremmo fino a troncarci le gambe e il fiato. Ci buttammo nel primo fosso, nei campi, fra i filari di viti. Altre esplosioni si susseguirono, forti, ma non quanto la prima. Era estate, ma battevo i denti. Accucciata nel fosso fangoso, mi rannicchiai stringendo con le braccia le ginocchia contro il petto. Ero abbastanza vicina alla nonna da poter udire i suoi bisbigli. Con la mano destra reggeva a sé la mia sorellina e, con la sinistra, sgranava il rosario. Bisbigliava l'Ave Maria che mi aveva insegnata da pochi giorni. Cercai di assecondarla, ma non ce la facevo a tenere il suo ritmo. Mi venne in mente una storia che mi aveva raccontata per farmi capire che è bene pregare soprattutto col cuore, piuttosto che con le sole parole. Ecco la storia.

Ginetta, ultima di diversi fratelli, era considerata la "tonta" di casa. Niente scuola, niente catechismo, tanto, dicevano, non capisce nulla. Un giorno chiese ai fratelli di insegnarle a pregare, le risposero che per lei sarebbe stato troppo difficile imparare.

Insistette ogni giorno, più volte, per mesi. Una volta che quelli furono in vena di ridere e scherzare alle sue spalle, dissero: – Va bene, t'insegniamo una preghiera facile. Quando tu vuoi pregare, ti metti in un angolo dove non ti veda e ti senta qualcuno. Ti inginocchi, tieni le mani giunte e ripeti di continuo finché non sei stanca: "*cruzzitella* qua, *cruzzitella* là..."–. E giù a ridere fra loro, soddisfatti di essersi liberati di lei.

Ginetta non capì che l'avevano presa in giro e, tutti i giorni, quando era sola in casa, pregava come le avevano insegnato. Era così convinta e sincera nella sua fede che, dopo le prime volte, le apparve la Madonna. Mentre la bambina pregava, la Madonna le accarezzava i capelli. Ginetta era felice.

Venne il momento che il parroco disse ai genitori che era il caso di farle prendere la prima Comunione. Anche se capiva poco, male non le avrebbe fatto. Sorvolando le lezioni di catechismo, il parroco interrogò Ginetta, le chiese se conosceva almeno una preghiera. Lei confermò e recitò la sua.

Apriti cielo! Successe il finimondo. E finalmente le furono insegnate le preghiere fondamentali che lei imparò perfettamente, dal momento che non era poi tanto scema.

Pregò con tanta diligenza, ma la Madonna non le apparve più. Quando, piangendo, lo raccontò al parroco, lui forse capì la lezione, ma non seppe né spiegare né rimediare.

Non so se questa storia abbia un autore, o se l'avesse inventata la nonna che, molto spesso, parlava per parabole, so di certo che, ricordarla in quella notte, rannicchiata nel fosso, mi aiutò a vincere la paura.

Il cessato allarme suonò che albeggiava. Le gambe anchilosate non riuscivano a raddrizzarsi... Ma il peggio doveva ancora arrivare.

Tornate indietro, scoprimmo che la nostra casa non esisteva più. Era rimasta in piedi solo la porzione dei Frani, la nostra era ridotta un mucchio di macerie. Ebbi un singulto che bloccai subito. La mamma fraintese: – Appena sarà finita la guerra, ti comprerò una bambola nuova –.

Promessa che, del resto, non mantenne.

Io invece balbettai: – Mamma, tutti quei libri, quelli dentro la cassa, sotto la scala... –. Ora che avevo imparato a leggere, la perdita di quei libri mi sembrava un danno immenso.

La mamma rispose: – Che cosa importa dei libri, fossero soltanto quelli. Tutto abbiamo perso, proprio tutto –.

Quel giorno stesso, con mezzi di fortuna, diventate povere, avremmo raggiunto il paesino nella campagna romagnola, dove la mamma aveva insegnato.

Addio casa, addio libri, addio Vittorio.

## Ventiduesima istantanea

*Nella stanza, la bambina, attenta, ascolta dialogare le due donne, ha capito che c'è intesa adesso fra le due. È questo che lei ha sperato fin dall'inizio.*

*– Mi viene in mente, dice Marina, che il sottoscala dove stava la cassa dei libri, era proprio il posto che era stato consigliato alla bambina quando, altre volte, era suonato l'allarme... –.*

*Maria, conciliante, ribatte: – Adesso non fare il processo all'ignoranza –.*

*– Anche durante i terremoti le scale vengono sconsigliate...–.*

*– Penso che il consiglio non fosse dato per farle del male –.*

*– A volte si fa del male anche senza saperlo –.*

*– A me invece fa riflettere quella cassa piena di libri sotto le macerie e i Frani che rimasero ad abitare nella parte di casa rimasta sana... A chi vuoi che interessassero quei libri che, cercati dalla mamma qualche mese dopo, non furono più trovati? –.*

*– Io invece rifletto sulla storia raccontata dalla nonna, quella della preghiera di Ginetta –.*

*– Peccato che la piccola abbia dimenticato quasi tutte le parabole della nonna...–.*

*– Forse raccontare, anzi il piacere di raccontare, ha una componente genetica nella nostra famiglia. Anche la zia Maria "inventava" le sue storie –.*

*– Ricordo un'altra storia che la nonna raccontava alla nipotina per insegnarle a non accusare gli altri di colpe proprie –.*

*– La storia della "sorellina muta", vuoi dire? –.*

*– Proprio quella –.*

Tonino aveva una sorellina nata sorda e quindi muta. Da principio pensava che fosse un bel problema non poterci giocare, né darle ordini, né insegnarle parolacce. Poi trovò il proprio tornaconto. Oltre che "birbante", era anche abbastanza bugiardo, quindi sviluppò la pessima abitudine di dare la colpa alla sorellina per ogni sua marachella. Tanto, quella, non poteva discolparsi.

Accadde che un giorno, Tonino, era già abbastanza grandicello, per l'emozione o per distrazione, o perché troppo impegnato in un gioco interessante, si dimenticò di fare la pipì nel posto giusto, in bagno, e se la fece addosso. Nessuno se ne era accorto, ma lui si vergognò moltissimo.

Si accorse che la sorellina, "la muta", come veniva chiamata per semplificare, lo stava osservando e forse aveva capito. Un po' per consuetudine, un po' per rabbia, si mise a gridare, chiamando sua madre e accusando "la muta" di aver fatto pipì sopra di lui.

– Mamma, corri, "la muta" mi ha pisciato addosso! –.

Fu impossibile credergli, anche perché lui era bagnato dalla cintola fino ai calzini e alle scarpe, mentre la sorellina era perfettamente asciutta. Da quella volta, nessuno credette più alle sue bugie.

*Sul visetto della bambina, si osserva un sorriso sognante. La piccola apprezza la verità contenuta nelle parole della nonna.*

*– A che proposito quel racconto, alla bambina? Non mi pare che fosse bugiarda –.*

*– Forse perché non imparasse a mentire...–.*

*– Peccato che la piccola ricordi così poche parabole... La nonna diventa così presente, a raccontarle... –.*

*La bambina, seduta sul cuscino, dritta sul busto, con le gambe incrociate alla maniera Yoga, ha lo sguardo perduto lontano; le labbra hanno gli angoli volti in su, nel sorriso. Sembra assente, ma ha seguito i loro commenti.*

*Interviene Maria: – Ti ricordi la storia della "...pasta davanti"? –.*

Un uomo aveva sposato un donna particolarmente irascibile. Erano andati ad abitare in una casa che si affacciava su un cortile comune ad altre case. Da una finestra all'altra, le donne parlavano fra loro, per meglio dire, "pettegolavano", o rivolgevano frasi allusive verso chi in quel momento non era presente, ma poteva ascoltare dalla finestra che in estate restava aperta.

Rosaria, la nuova arrivata, sentendosi qualche volta chiamata in causa, a torto o a ragione, si precipitava all'aperto, pronta alla zuffa. Spesso s'era accapigliata. Erano volati insulti, schiaffi e calci. E Rosaria, il più delle volte, aveva lasciato l'avversaria in condizioni peggiori delle sue.

Alla sera, quando gli uomini tornavano dal lavoro, dovevano placare le mogli urlanti che chiedevano giustizia. E il marito di Rosaria si chiamava appunto Giustino. Era un uomo tranquillo e non sapeva più come calmare gli animi. E capiva che, colei che non sapeva controllarsi e dalle parole andava ai fatti, era proprio la moglie.

Arrivò al punto che, disperato, decise di nascondere i vestiti di Rosaria, lasciandola in casa completamente nuda.

– Così – le disse – non avrai il coraggio di uscirtene a litigare –.

E, per qualche giorno, i risultati gli diedero ragione. Ma quell'espediente si venne a sapere nel vicinato, anche perché sembrava strano che Rosaria non si fosse più affacciata nemmeno alla finestra. Così le "brave" vicine di casa, si divertirono ancora di più nei loro discorsi allusivi.

– ...la povera donna deve essere ammalata... o il marito l'ha messa alla catena, come si fa con i cani rabbiosi... –.

Rosaria in casa, stava "tirando" la sfoglia per la pasta; era molto brava a lavorare col matterello. Aveva fatto proprio una bella sfoglia uniforme e molto grande. Le arrivavano le voci delle donne e lei, nuda, fremeva. Ma poi... non resistette. Si mise "la pasta davanti", se l'avvolse intorno al corpo e uscì fuori in cortile, urlando inferocita, con il matterello in mano.

– *Marinella chiedeva spesso alla nonna di raccontarle questa storia che la divertiva molto. E la nonna, a volte, aggiungeva particolari, altre modificava. Si divertiva al divertimento della nipotina, si ritrovavano a ridere insieme.*

– *Te la ricordi la storia di "... forbici, forbici"? –.*

– *Adesso che la rammenti... forse si trattava di una "variazione sul tema" –.*

– *Immagino che volesse insegnare a controllare l'aggressività e la testardaggine –.*

– *Secondo te la bambina era aggressiva e caparbia? –.*

– *Forse diventando adulta... imparò ad esserlo –.*

Ecco la storia.

Rosaria era davvero testarda, non ammetteva i propri torti, negava perfino l'evidenza piuttosto che dare ragione agli altri. Una sera, il marito, tornando a casa, le annunciò: – Sono andato al mercato e ti ho comprato un regalo –. E scartocciò un involto.

–Ah, mi hai comprato un paio di forbici – commentò la moglie, dando appena un'occhiata.

– Guardalo almeno, è uno schiaccianoci. Così la smetterai di rompere le noci con i denti –.

– Sono un paio di forbici –.

– Dovrei regalarti un paio di occhiali invece! È uno schiaccianoci –.

– Forbici –.

– Schiaccianoci –.

– Forbici –.

L'uomo perse le staffe, non ce la faceva proprio più a sopportare quella moglie. La picchiò.

Ma lei insisteva: – Forbici, forbici... –.

Alla fine, il marito la calò nel pozzo: – Se non dici che è uno schiaccianoci ti lascio andare giù –.

– Forbici, forbici...–.

Il marito per spaventarla, lasciò andare un pezzo di corda. Ma la donna non si arrese: quando ebbe la testa sott'acqua e quindi non poté più parlare, tirò fuori un braccio dall'acqua. Dalla mano a pugno, si alzarono il dito indice e il medio che aprivano e si chiudevano, come le forbici.

## Venticinquesima istantanea

*Non ci sono parole, nella stanza. C'è un tale silenzio che si percepiscono i respiri. Hanno un unico ritmo. Sul viso della bambina e delle due donne aleggia un identico sorriso.*

# SECONDA PARTE

# LA NUOVA CASA

Era uno stanzone vuoto con i muri grigiastri. Era stato un'aula della vecchia scuola elementare, prima che, in paese, ne fosse stata costruita un'altra, duecento metri più in là, dove sua madre aveva insegnato, durante l'anno scolastico precedente.

Quelle due donne, con tre bambini, avevano perso quasi tutto. Non c'erano mobili, si arrangiarono con suppellettili di fortuna. Non ci fu altro da fare che adattarsi e si doveva ringraziare il cielo per aver trovato un tetto sopra la testa. Chi non si adattò fu Giovanna che li aveva seguiti per non perdere la comoda protezione della nonna. Non accettò la prospettiva di disagio, in quell'unica stanza squallida, dove avrebbero vissuto in cinque e con lei sei. Quella famiglia era diventata più povera della sua. Se ne andò nel giro di due giorni.

La stanza era al primo piano e sotto c'era l'osteria. Di notte, le voci avvinazzate dei tedeschi avrebbero reso difficili i loro sonni. Una semplice porta separava le scale dall'osteria. Come unica precauzione, veniva chiusa a chiave, prima di andare a letto. Di fronte, un'altra porta più robusta si apriva in un cortile, sul quale si affacciavano il retrobottega di una macelleria e l'abitazione del macellaio con la sua famiglia. Il lato sul cortile andava verso i campi. Fu consigliato, dalla padrona dell'osteria, di passare di là, piuttosto che dall'osteria, consiglio che Marinella avrebbe ascoltato poche volte.

In un angolo della ex aula, dietro una porta, c'era un ripostiglio, pieno di banchi rotti, accatastati. La bambina ne adocchiò uno che, messo in piedi, nella posizione giusta, avrebbe potuto esserle utile, ma sarebbero stati tutti bruciati, per scaldarsi, in inverno. Salendo l'ultima rampa di scale fino alla soffitta, la cui porta era chiusa con tanto di lucchetto, Marinella scoprì, nel mezzanino, una piccola finestra rettangolare, una specie di feritoia, a livello del pavimento. Sdraiata per terra, si rese conto che da lì si poteva osservare, senza essere visti, sia chi passava per il cortile sia l'interno della macelleria. Infatti vide il macellaio che sorreggeva un pezzo di bestia macellata, contro il grembiule sporco di sangue. Alzandosi, osservò stupita l'impronta del suo corpo sullo strato di polvere del pavimento. Si spazzolò alla meglio con le mani.

## Ventiseiesima istantanea

La bambina sta seduta sul cuscino, sopra il tappeto india-
no, steso sul pavimento in cotto. Si abbraccia le ginocchia sulle
quali appoggia la fronte. Le due donne la osservano e cercano
di capire. La prima a parlare è Maria: – Mi domando se sia
davvero il caso di andare avanti: sta dormendo, forse rinuncia. E, d'altra parte, le memorie più nascoste sono già state
portate in superficie.

Marina si ribella: – Sarebbe egoismo interrompere qui. Capisco che tu voglia tirarti indietro, che ti senta quasi annoiata,
probabilmente indifferente...–.

– Sai che cosa penso dell'indifferenza... Non sono indifferente. Solo meno motivata di voi due, probabilmente. E mi dispiace svegliare la bambina –.

La indica con lo sguardo. Quella alza la testa e la fissa, molto
seria, molto determinata. E, per la prima volta, dal loro incontro, parla: – Non sto dormendo, sto soltanto mettendo ordine
nei miei pensieri. Ricordati che con me hai preso un impegno,
non puoi tirarti indietro, te lo impedirò –.

Le due donne sono sbalordite, il suono di quella voce infantile, dal tono grave e riflessivo, un po' roca per il lungo silenzio,
le sconvolge.

La sorpresa coinvolge anche chi, dalla porta, osserva.

# LE PASSEGGIATE

Spingeva il passeggino, superstite dal crollo della casa bombardata soltanto perché era stato dimenticato fuori. Si fidavano e le affidavano il piccolo, anche in quell'ambiente sconosciuto. La nonna si era soltanto raccomandata di non andare in giro di pomeriggio perché c'erano troppi tedeschi intorno e finivano tutti all'osteria.

– E, mi raccomando, passa sempre dalla porta di dietro –.

Il paese era piccolo, piatto e assolato, c'era poco da esplorare, ma per la bambina, ciò che non conosceva era sempre degno di attenzione.

Prima tappa: la nuova scuola. Si fermò davanti al cancello, chiuso con una catena e un lucchetto. C'era, intorno all'edificio, quello che, se glielo avessero permesso, sarebbe diventato un giardino. Ora aveva solo qualche pianta secca di improbabili aiuole.

Andando invece in direzione opposta, dopo qualche centinaio di metri, si trovava la chiesa. Può sembrare strano, ma, a quasi sei anni di età, non era mai entrata in una chiesa, o non ricordava di esserci entrata. Nemmeno con la nonna che era tanto religiosa e che pregava tanto. Entrò, spingendo avanti Nino sul passeggino. Avvertì una sensazione intensa sulla pelle che non era soltanto di frescura rispetto alla temperatura esterna. In qualche modo, le ricordò il silenzio ricco di comunicazione nella stanza della zia Maria. Presenze invisibili intorno le erano amiche e le trasmettevano fiduciosa sicurezza.

A fianco della chiesa, c'era il cimitero, piccolo e fiorito. La bambina entrò, mai ne aveva visto uno, né qualcuno gliene aveva parlato, però sillabò le parole scritte sulle lapidi: "nato" e "morto".

Il custode, che l'aveva vista entrare, le si avvicinò.

– Che cosa ci fai qui, da sola? –.

– Non sono sola, sono con il mio fratellino –.

Poi, seguitando a parlare, spiegò che era la figlia della "maestrina". Gli fece un sacco di domande su chi e perché e lui rispose. Infine, Marinella si soffermò davanti alla foto di una bambina sopra una lapide. Si propose di chiedere alla nonna di insegnarle una preghiera adatta per i morti bambini. Per il momento si limitò a pensare: "Ciao, bambina. Sono una bambina come te".

Sarebbe tornata a pregare su quella tomba. E sarebbe stata l'unica della famiglia ad andare alla Messa, la domenica. Sostenne, anche se infastidita, gli sguardi degli adulti e dello stesso parroco che la fissavano sorpresi e incuriositi che fosse sempre sola.

Dopo la Messa, diventò abitudine la visita al cimitero con una preghiera davanti ad ogni tomba, quella insegnatale dalla nonna, sollecitata dalla sua insistenza. Marinella l'aveva modificata nel caso di morti bambini.

– *Alla piccola piaceva molto quel minuscolo cimitero di campagna e manifestava là, più che in chiesa, la propria religiosità* – dice Maria.

– *Sembra quasi che l'assistere alla Messa rappresentasse il beneplacito per la visita successiva* – aggiunge Marina.

Marinella, inaspettata, chiarisce: – *Mi dava un senso di serenità e di pace, passeggiare fra quelle tombe, fiorite come un giardino* –.

– *Però in seguito ti prese la paura dei cimiteri e cercavi di evitarli* –.

– *Sì, qualcuno mi spaventò, dandomi un'idea terribile della morte* –.

Interviene Maria: – *Peccato, poiché la paura trasformò l'immagine delle persone, che ti erano state care, in mostri spaventosi, da incubo. Posso tranquillizzarti: la tua paura passerà col tempo* –.

– *Mai completamente* – precisa Marina.

– *Confondi le idee alla bambina, sembra che ti ci diverta* –.

– *Ma no, ho tenerezza per lei quanto te. Non possiamo fingere fra noi. E trovo strano che si possa non aver paura della propria morte fino a desiderarla e averne così tanta per quella degli altri e per i luoghi che la rappresentano* –.

– *È un concetto di paura fisica, determinato da certe influenze. O esperienze dolorose. Non vorrei scadere sul macabro e quindi direi di chiudere il discorso qui* –.

# UN MEDICO D'ALTRI TEMPI

La bambina fu svegliata dal pianto di sua madre. Piangeva accanto al lettino, che era un cassetto posto fra due sedie, di Giovanni malato.

Chiese: – Mamma, come sta Nino? –. Era il diminutivo col quale preferivano chiamarlo. La donna rispose: – Sta male –. E pianse più angosciata. Allo stesso modo piangeva quando Marinella era malata e la faceva star peggio per il rimorso di darle dolore.

– Mamma, non piangere, è peggio se piangi – azzardò.

Quella, fra i singhiozzi, rispose: – Non dire sciocchezze, dormi che è notte fonda –.

Nino s'era ammalato due giorni prima e in paese non c'era medico perché, dicevano, era scappato, non si sapeva né dove né perché. La mamma aveva incaricato qualcuno che andava su, in città, a venti chilometri di distanza, di portare un messaggio al dottor Taroncelli, il loro pediatra. In quel periodo, non era tanto facile spostarsi e l'unico mezzo di locomozione era la bicicletta.

Anche la nonna si era alzata e girava per la stanza intorno a Nino. Gli toccò la fronte, disse: – Ha la febbre molto alta. Mettigli delle pezze fredde sulla fronte –.

L'altra rispose: – Appena fa giorno, vado al comando tedesco a cercare un medico. Pazienza se è tedesco. Non è colpa mia se il medico condotto è scappato –.

La nonna sospirò: – Potevi averlo già fatto –.

– Speravo che il dottor Taroncelli ce la facesse a venire...–.

– Pover'uomo! Non è più giovane, le strade sono piene di neve e di soldati. E poi mitragliano di continuo –.

– Lo so. Però io ci speravo –.

Erano venuti in due, il medico e il suo aiutante. L'ufficiale tedesco stava visitando Nino, la mamma seguiva ogni suo movimento. Aveva il viso rosso e gli occhi gonfi, ma nascondeva male la sua diffidenza. L'uomo palpava soprattutto l'addome che infatti era teso e, sotto le sue mani, il piccolo si lamentava debolmente. Respirava affannosamente e aveva la febbre molto alta. I due uomini si guardarono e il medico scosse la testa, come a dire che non c'era niente da fare. Parlava malissimo l'italiano, ma fece capire che si trattava di appendicite, ormai peritonite. Ma era troppo tardi, l'infezione era troppo avanzata e non si sentiva di operare. Forse ne era incapace e Nino era troppo piccolo, non aveva ancora un anno.

Dissero anche: – Peccato, è un bambino così bello… –.

E infatti Nino era proprio bellissimo così biondo e ricciuluto, gli occhi chiari e il visetto paffuto e colorito per la febbre. Sicuramente incontrava anche i loro gusti.

Se ne andarono, allargando le braccia in segno di impotenza, evitando di guardare la madre che s'era rimessa a piangere.

Quando furono usciti, la nonna smise di pregare e disse:

– Nino non si è mai lamentato, solo ora perché lo hanno toccato con le mani fredde. Se fosse peritonite, avrebbe dolore anche adesso… –.

– Sembravano inesperti – ne convenne la mamma. – E mentre lo visitavano… sentivo qualcosa dentro che mi disturbava –.

Marinella osservava e ascoltava, capiva poco di ragioni e di colpe riguardo quella guerra. Però capiva che gli uomini si dividono in buoni o cattivi, da una parte e dall'altra. Crescendo, avrebbe anche imparato che molte volte il bene e il male vanno a braccetto insieme. Quei soldati tedeschi erano corsi subito, appena chiamati. E li aveva visti andare via molto dispiaciuti di non essere capaci di curare Nino.

Era tornata la notte. La mamma e la nonna, sedute accanto al lettino arrangiato di Nino, per la stanchezza, si erano addormentate con la testa ciondolante sul petto. Marinella dormiva a tratti e si svegliava di soprassalto. Sentiva il dovere di vegliare, dando il cambio alle altre due. Così fu lei a vedere

Nino tirarsi su a sedere, cercando attenzione.

Saltò giù dal letto e andò a scuotere la mamma. Nino la vide e disse "Acca" una delle poche parole del suo limitato vocabolario. Sarebbe rimasto tale per almeno altri tre anni: "mamma, acca, pappa, cacca, pipì", le più essenziali.

– Mamma, svegliati, Nino ha chiesto l'acqua...–.

La giovane donna si svegliò frastornata, sul momento non capiva.

Il piccolo ripeté: – Acca –.

Anche la nonna si era svegliata. Saggiamente intimò: – E tu dagliela! –.

Era anche lei molto eccitata. Toccò la fronte di Nino, lo accarezzò, disse: – È fresco, è sfebbrato –. E le tremava la voce.

Nino bevve e sembrava stupito di vederle tutte intorno a sé. La nonna, riprendendosi dall'emozione, commentò polemica: – Lo avevo detto che non poteva essere peritonite! E meno male che non si sono sentiti di operarlo –. Era felice. Anche la mamma rideva e abbracciava il suo piccolo che aveva quasi dato per morto.

Marinella pensò che le sue preghiere, unite a quelle della nonna, erano state ascoltate.

Si alzarono più tardi, rispetto agli altri giorni. Nella stanza, c'era solo una vecchia stufa di terracotta, dove avevano finito di bruciare tutti i banchi scolastici del ripostiglio.

Nino bevve del latte che la nonna gli porgeva. Aveva superata la crisi qualunque fosse stata la causa.

Bussarono alla porta. Le due donne si guardarono preoccupate. Una voce maschile informò: – Sono il dottor Taroncelli –.

L'uomo aveva pedalato sulla e sotto la neve per venti chilometri e ci aveva messo due ore e più. Era bianco di neve sul cappello di lana e sul cappotto e, probabilmente, era anche bagnato. La mamma lo abbracciò e si mise a piangere di nuovo. Poi corse a chiedere della legna giù all'osteria ed a casa del macellaio. La nonna nel frattempo arrangiò qualcosa di caldo, non so cosa, perché in quella casa mancava tutto.

Dopo un racconto un po' concitato, il dottor Taroncelli visitò il piccolo Nino. Sorrise quando gli riferirono della diagnosi del medico tedesco.

– Per fortuna ha sbagliato, disse, il bambino ha superato una bella polmonite. È un bambino robusto, un bellissimo bambino –.

Marinella si domandò perché "bella", la polmonite. La mamma, ma a lei piaceva esagerare, raccontava che la figlia maggiore ne aveva avute sette, di polmoniti Anche se aveva soltanto sei anni.

# SUOR ANGELA

Di lei, strano a dirlo, ricordo soprattutto la bellezza. Era alta, slanciata, fiera. Aveva un portamento superbo. La tonaca umile, su di lei, si trasformava in abito regale. E il corpo sotto, nonostante il doveroso rispetto, le si indovinava morbido e femmineo.

Chissà per quali strade era arrivata al convento: vocazione o rinuncia? Nonostante l'età giovane (ventidue, venticinque, trent'anni... Ha un'età la bellezza?), era la madre superiora.

I paesani, sia pure con la dovuta stima e simpatia, si domandavano perché mai, in tempo di guerra, con i tedeschi che brulicavano per le strade del paese, fosse stata messa in evidenza una suora così giovane e, involontariamente, così bella.

Tuttavia, suor Angela aveva ben altre qualità, oltre la bellezza che, nella sua condizione, diventava quasi un difetto. Guidava le sorti delle sorelle, che da lei dipendevano, con fermezza e autorità. Era molto colta ed era anche un'ottima insegnante. Eppure, la ricordo soprattutto quando la vedevo attraversare la strada principale del paese, davanti all'osteria.

I soldati ammutolivano al suo passaggio. C'era nel loro improvviso silenzio, nei loro sguardi attoniti, l'ammirazione per la donna che l'abito religioso non riusciva a nascondere e il malessere colpevole che ne derivava per il rispetto che sentivano di doverle e che lo sguardo austero di lei imponeva.

Nonostante camminasse eretta e con passo deciso, a volte perfino rigidamente distaccata (era consapevole delle sensazioni suscitate e ne provava disagio?), si indovinavano, sotto la veste nera, movimenti flessuosi. Aveva la grazia di un'indossatrice, o di una ballerina classica. Quali misteriose vie l'avevano condotta al convento?

Rispondeva ai saluti con un sorriso cordiale. Aveva uno splendido sorriso. Gli occhi grigi e severi le si illuminavano di dolcezza.

– Sia lodato Gesù Cristo –.

– Sempre sia lodato –.

Suor Angela fu, per alcuni mesi, la mia insegnante di seconda elementare. Sicuramente la migliore. Si faceva temere e si faceva amare.

Le riconoscevo un solo difetto: la mania di farci studiare a memoria un paio di poesie alla settimana. Ci spiegava che è importante esercitare la memoria, ora so che aveva ragione.

Io detestavo tenere a mente le poesie, forse è per questo che di memoria ne ho sempre avuta poca, quel tipo di memoria almeno. Così, nonostante l'ammirassi molto e tenessi alla sua stima, la imbrogliavo. Quando mi interrogava, leggevo la poesia sul libro che la suora teneva aperto sulla cattedra.

Avevo una vista molto acuta, sapevo leggere bene e avevo una buona dizione. Per tranquillizzarmi la coscienza, riflettevo che, se lei avesse avuto una buona memoria, quella che pretendeva da noi, non avrebbe avuto bisogno di seguire il testo della poesia sul libro aperto.

Accadde che mi chiedesse di recitare una delle poesie imparate, durante una visita improvvisa dell'Arcivescovo. Suor Angela contava sulle mie capacità interpretative, per lei ero "la più brava".

Feci una straziante scena muta. Immagino la sua delusione, ma la controllò. Non mi rimproverò neanche in seguito.

– È una bambina molto emotiva – spiegò all'Arcivescovo.

Mi risparmio anche l'umiliazione di sostituirmi con una compagna, magari "meno brava" di me, ma certo più onesta. O forse preferì non correre altri rischi. Da quella volta, però, evitò di tenere il libro completamente aperto sulla cattedra, a portata di sguardo dell'interrogata.

Avrei preferito essere considerata "un'emotiva" piuttosto che un'imbrogliona.

La scuola, in convento, era a "tempo pieno". Ci stavamo fino alle quattro del pomeriggio. Alle dodici e trenta, facevamo colazione nel refettorio e, dopo, la ricreazione in giardino, la suora "del pomeriggio" ci insegnava canti di chiesa, o ricamo.

Un pomeriggio, durante la ricreazione, ci fu una scampanellata molto prolungata, anzi rabbiosa.

La suora portinaia arrivò trafelata e spaventatissima. Balbettò concitata: – Ci sono i tedeschi –.

I tedeschi, cinque compreso l'ufficiale, le stavano già alle spalle. Ed erano di quelli che mi procuravano un tremito incontrollabile fino al cuore.

Accorsero altre suore. I soldati, oltre all'aria minacciosa e arrogante, avevano un sorriso divertito e sprezzante per quello starnazzare di tonache nere intorno a loro.

– Suore, tutte in giardino – ordinò l'ufficiale.

Intendeva far perquisire il convento, sospettando che vi si nascondesse un disertore. Era la banale scusa abituale per portare via vettovaglie, anche le più povere, come sarebbe accaduto in seguito anche in casa mia.

Una suora, meno spaventata, o più accorta, finse di non capire, o di credere che fosse possibile venire a patti.

– Ci vuole l'autorizzazione della madre superiora – azzardò.

Il divertimento fu certo più forte della prepotenza, perché sembrarono pazienti. Dal sorriso sarcastico e falsamente condiscendente, invece, c'era da non aspettarsi niente di buono.

– Bene: chiamare superiora –.

Suor Angela arrivò, con il suo passo calmo e sicuro, senza mostrare emozione. Il sogghigno si spense sulle labbra dell'ufficiale che, a quanto pareva, non doveva averla mai vista.

Suor Angela sovrastava le compagne di tutta la testa, era alta quanto l'uomo in divisa e lo fissava dritto negli occhi, senza mostrare timore.

– Il vostro comandante è informato? – chiese subito, scandendo anche il cognome tedesco del loro superiore.

L'ufficiale nascose male la sorpresa, non si sarebbe aspettato tanta sicurezza. Tentò una risposta in italiano. Precisò che non occorreva disturbare il comandante per pratiche di ordinaria amministrazione. Allora suor Angela mi stupì. Lo affrontò gelida e decisa nella lingua di lui, con perfetta pronuncia tedesca. Avrebbe poi tradotto per le altre suore e per chi, di noi bambine, era stata attenta ad ascoltare.

– Informerò io stessa il vostro superiore. Vi assicuro che qui non si nascondono disertori. Ci sono soltanto suore e bambine della scuola elementare. Ho l'impegno categorico del generale perché non sia disturbata la nostra quiete –.

Non so quanto vero fosse stato quell'impegno, né se realmente suor Angela conoscesse il comandante della postazione, o chi più in alto ancora, il cui nome così bene aveva pronunciato. So che l'ufficiale presente era letteralmente interdetto, penso più per l'aspetto della suora e per essersi sentito apostrofare nella propria lingua che per il significato delle parole.

Se la madre superiora garantiva... Forse sospettava, o dubitava dell'affermazione categorica della religiosa, ma probabilmente non avrebbe indagato. Inconsapevolmente, suor Angela lo aveva conquistato, così come conquistava e disarmava tutti. Forse, dopo quell'episodio, è facile intuire perché fosse stata affidata a lei la direzione del convento.

# Ventottesima istantanea

*Marina si rivolge alle altre due.*

*– L'ho incontrata per caso, dieci anni più tardi, quindi a sedici anni, in un'altra città della Romagna... Sempre alta e slanciata, poiché nessuno avrebbe potuto immiserirle la statura, ma trasformata. Grigia e insignificante, umilissima, con mansioni servili nel nuovo convento. Chissà perché. Non conosco le regole dei conventi –.*

*– Mi viene da immaginare che sia stata proprio lei a cercare mansioni umili. La bambina vedeva soprattutto il lato esteriore, la bellezza della donna, il difetto della suora. È probabile che suor Angela avesse scelto il convento per vocazione vera –.*

*– A sedici anni si può anche capirlo –.*

*– Tu lo capisti, o pensasti alla sua bellezza sprecata? –.*

*– In un primo momento, può darsi, la considerai sprecata –.*

*Marinella interviene: – Avete dimenticato che per un certo periodo ho desiderato farmi suora? –.*

*– Non per quella suora – precisa Marina. – E, comunque, è una storia che racconterà Maria, se vorrà –.*

*– Soltanto su richiesta della bambina. Per me è tutto così lontano, così superato ormai... –.*

*Marinella le lancia uno sguardo di rimprovero.*

*– Non vorrai tirarti indietro proprio adesso? –.*

*È evidente, anche per chi dal di fuori ascolta e osserva, che non accetta ripensamenti.*

# IL SOLDATO E LA SIGNORA

In genere, prima di uscire da casa, mi soffermavo sul pianerottolo in fondo alle scale e tendevo l'orecchio ai rumori dietro la porta chiusa che confinava con l'osteria. Da lì, a volte
anche di giorno, arrivavano voci di soldati ubriachi. Filtrava-
no inoltre l'odore del vino e il tanfo di fumo e di sudore. Se,
dal mio ascolto, potevo dedurre che gli avventori erano pochi
e sobri, giravo la chiave lasciata nella toppa, aprivo la porta e
attraversavo l'osteria.

Tenevo la testa alta, camminavo svelta, ostentando disinvoltura, compiaciuta che nessuno si occupasse di me. Mi sentivo quasi invisibile e non riflettevo sul fatto di aver lasciato
la porta di comunicazione praticamente aperta a tutti. Ma
intendevo soltanto risparmiare un giro vizioso intorno alla
casa, prima di raggiungere la strada.

Tre volte la settimana, uscivo per le mie lezioni di pianoforte. Non so in ragione di quale privilegio mi fossero concesse.

L'insegnante di musica doveva avere circa trent'anni, qualcuno più di mia madre. Era bionda, alta, magra, con gli occhi
azzurri e miopi che sembravano annacquati dietro le lenti
spesse degli occhiali. Sapevo che il marito era lontano, prigioniero di guerra come mio padre. Ciò non bastava a ren-
dermela simpatica. Mi era poco simpatica perché non sorrideva mai e poi mi dedicava pochissima attenzione.

In compenso, mi piaceva la sua casa. Era elegante, fresca,
ben arredata, come la mia non era più.

Per la maggior parte del tempo a mia disposizione, restavo
sola nel salotto, dove c'era il pianoforte. Spesso, dopo avermi
assegnato un facile esercizio, la signora spariva dietro una
porta. Non la rivedevo che dopo un'ora. Avvertivo un parlottare sommesso, un sussurrare nella stanza accanto, ma non
ci facevo troppo caso.

Mi esercitavo per pochi minuti, poi passavo al mio divertimento preferito, cioè ricostruire sui tasti motivi noti. Le prime volte, lo avevo fatto timorosa che la mia insegnante venisse a rimproverarmi. Ma avevo capito che non le importava che le mie fossero "scale" ed esercizi, o note qualsiasi.

Lasciandomi sola, mi raccomandava: – Continua a suonare finché non ritorno. Senza interromperti –.

Era talmente perentoria che non osavo disobbedire. E poi era così divertente strimpellare liberamente senza alcun controllo!

Un pomeriggio che l'assenza dell'insegnante si prolungò più del normale, finii per annoiarmi. Bussai leggermente alla porta chiusa, senza risposta. Allora aprii. C'era un altro salottino, più piccolo. E poi un'altra porta. Prima di bussare, guardai nel buco della serratura. La stanza da letto, era in penombra. Vedevo bene il letto. Ci stavano sopra la donna con un uomo. Vidi spalle e braccia nude. Di lui, solo il dorso e la nuca, era biondo. Erano abbracciati. Forse era tornato il marito, pensai. Invece capii che era un ufficiale tedesco dal cappello e dalla giacca posati su di una sedia a fianco del letto. Questo particolare mi distrasse dalle loro effusioni. Però avevo notato il viso della mia insegnante, gli occhi chiusi e il sorriso. Non l'avevo mai vista sorridere. Ero spaventata che potessero scoprirmi e sospettare che volessi spiarli, quindi indietreggiai silenziosamente. In effetti, della scena sorpresa in camera da letto, non avevo capito il significato preciso. Nessuno mi aveva mai parlato di sesso, né ancora avevo curiosità di quel tipo. Ero invece sconvolta perché la donna, invece che col marito, era "a letto" con un soldato tedesco e solo con lui riusciva a sorridere. Senza occhiali e sorridente, m'era sembrata perfino bella.

Tornai al pianoforte e vi rimasi per diverso tempo ancora. Quando la signora tornò, mi disse: – Brava, oggi hai lavorato molto. Ti ho lasciato esercitare di più, perché so che a casa non hai un pianoforte per farlo –.

Uscita dalla sua casa, non riuscivo a togliermi dalla mente il suo sorriso e la divisa tedesca sulla sedia accanto al letto.

Sapevo che la mamma, i tedeschi, li odiava. Lo sapevo confusamente per qualche frase in dialetto siciliano fra lei e la nonna. Però, in caso di necessità, si era rivolta a loro ed era stata aiutata. Questo mi confondeva le idee. La nonna, invece, era così buona e dolce che non odiava alcuno. Era solita dire: "Sono tutti figli di mamma: ce ne sono di buoni e di cattivi".

Mi fermai sul pianerottolo. Attesi. Mi sembrò che dall'osteria provenisse un silenzio incoraggiante. Aprii la porta di comunicazione e attraversai impettita, illudendomi di apparire disinvolta. L'osteria mi sembrò deserta. Il vecchio oste sonnecchiava al banco, come sempre a quell'ora. La vista del soldato tedesco, seduto al tavolo nell'angolo vicino alla finestra, mi colse di sorpresa. Rallentai. Mi guardava con molta insistenza, mio malgrado risposi allo sguardo, oppressa da un oscuro sentimento di colpa nei confronti di mia madre. Il soldato tedesco era biondo e molto giovane, aveva un viso da bambino. Mi sorrise. E allora, oltre che molto giovane, mi sembrò anche molto bello. Il suo sorriso mi turbò profondamente, perché m'ispirava simpatia e tenerezza. Ero combattuta fra il rimorso di aver disubbidito a mia madre, passando dall'osteria e il desiderio di non ferire la suscettibilità del soldato dal viso di bambino. E in più mi vergognavo di quei sentimenti che ritenevo colpevoli.

Sillabò con voce gutturale: – Buon–ciorno –.

Preoccupatissima non riuscii a rispondere.

Indicò con un gesto della mano qualcosa all'altezza del mio viso, continuando a sorridere. Non capivo. Dalla tasca interna del giubbotto, tirò fuori un portafogli e, da questo, una fotografia. Indicò me e poi ancora la foto. Allora la curiosità prevalse e mi avvicinai. Era l'immagine di una bambina bionda. L'unica cosa che avevamo in comune, oltre forse l'età, erano due trecce sottili voltate in su. Biondissime le sue, nere le mie.

– Zo-re-la – disse.

– Ah, sorella. È tua sorella –.

Mi sembrò molto contento che lo avessi capito. Fra noi si svolse un dialogo molto faticoso, intercalato da gesti. Tuttavia mi sembrò divertente capire e riuscire farmi capire.

Scoprii che il ragazzo tedesco aveva studiato musica e sapeva suonare il pianoforte.

Lo informai con sussiego – Anche io, pianoforte–.

– Dove essere pianoforte? – chiese con tanta dolente bramosia negli occhi azzurri. Riflettei un momento, non molto. Anzi decisi in fretta. Dopotutto, se la signora era tanto amica di un ufficiale tedesco, poteva esserlo di un giovane soldato dal viso di bambino. A lei piacevano i tedeschi, forse perché erano biondi come lei. Non avrebbe fatto difficoltà a permettergli di suonare il suo pianoforte. Ne ero convinta.

Suonai e la signora venne ad aprirmi. Ebbe un moto di sorpresa, vedendo che non ero sola.

– Chi è? – mi chiese allarmata, indicando con lo sguardo il soldato alle mie spalle. Trovai superflua quella domanda. – Ha studiato musica, sa suonare il pianoforte. Gli piacerebbe suonarlo un po' anche adesso –.

– Pensi che il mio pianoforte sia a disposizione di tutti? –. Aveva la voce alterata.

– No, non di tutti. Però so che a lei i tedeschi piacciono. Lui potrebbe suonare insieme a me, mentre lei sta nell'altra stanza con quell'altro –.

Non so da dove mi fossero uscite quelle parole che dovettero suonarle terribili, ma mi uscirono. Mai avrei supposto che quei suoi freddi occhi annacquati potessero accendersi in quel modo per la durezza e per la collera. Forse, non ero, allora, in grado di rendermene conto. Ebbi anch'io paura ad un tratto, non so bene di cosa. Non capivo di quale azione mi si potesse accusare, ma mi sentivo colpevole. Per essere passata dall'osteria, per aver parlato ed essere uscita con un tedesco, ma soprattutto per aver illuso il ragazzo in divisa che mi aveva seguito fiducioso. Mi vergognavo. Mi sentivo umiliata. Girai le spalle e corsi via, senza aspettare il seguito.

Sperai che, andandomene, senza testimoni, l'insegnante di musica lo avrebbe fatto entrare, come l'altro.

La sera, informai mia madre che non volevo più andare a lezione di pianoforte. Alla sua sorpresa, spiegai: – Tanto non mi insegna niente –.

Lei era fin troppo arrendevole, in certi casi. Ingenuamente, pensavo che sarebbe finita lì, d'aver risolto. Invece la mamma, senza dirmi niente, andò per scusarsi con l'insegnante e per pagare le ultime lezioni. Tornò che era fuori di sé.

– Ci credo che non ci vuoi più andare! Che cosa ti è saltato in mente di portarle in casa un tedesco? Devi averci una rotella fuori posto. Non devi dare confidenza ai tedeschi, e non devi mai fare di testa tua. Devi chiedermi il permesso anche di fiatare –.

Mi arrivò uno schiaffo, per me il massimo dell'umiliazione, mi morsi le labbra per non piangere. Mi inviperii.

– Lei mi lascia tutto il tempo a suonare da sola e se ne sta a letto con un ufficiale tedesco. L'ho vista! Che cosa c'è di male se le ho portato l'altro... Voleva solo suonare il pianoforte... –. Di seguito, tirai fuori tutto.

– Ma che cosa ti inventi... – esitò mia madre.

– E allora portami da lei così glielo dico in faccia –.

La mamma si fece molto seria. – Dimentica questa storia, tanto a lezione non ci vai più. E non parlarne con nessuno, mi raccomando. È pericoloso –.

Io continuavo a sperare che la signora lo avesse fatto entrare, il musicista tedesco, dopo che me ne ero andata.


Finite le mie lezioni di musica, uscendo da casa, evitai di passare dall'osteria. La porta di comunicazione sarebbe rimasta chiusa a chiave. Non lo feci per rispetto a mia madre: non volevo più incontrare il ragazzo tedesco dal viso di bambino. Non avrei avuto il coraggio di guardarlo negli occhi. Non avrei saputo rispondere alle sue domande, se me ne avesse rivolte. Né lui stesso avrebbe saputo spiegarmi come e perché fosse capitato in mezzo a una guerra che non aveva voluta, lui che amava la musica e che mi aveva sorriso perché gli ricordavo la sorellina in Germania. Non avrebbe saputo spiegarmi l'odio, l'orrore e la crudeltà che coinvolge il singolo nell'ingiustizia di una guerra. Non avrebbe saputo spiegarmi, perché nemmeno lui probabilmente capiva.

## Ventinovesima istantanea

– Non mi sento di dare giudizi. Chi sono io per dare giudizi? Di certo, per allora, e anche dopo, farsela con un tedesco, un'italiana... Non era molto edificante. Può darsi che si amassero... Sai, io sono una romantica. Per me, un sentimento d'amore è al di sopra di tutto – commenta Marina.

– Ammesso che fosse amore, erano tempi molto duri. Una donna sola, col marito in guerra, probabilmente non ce la fa a vivere di sole lezioni di pianoforte. Di sicuro corse un grosso rischio. E regalò complessi di colpa alla bambina –.

– Per me era amore – interviene con un sospiro la bambina perché non avevo mai visto la signora sorridere in quel modo –.

# CAFFÈ DI GUERRA

Egli venne un pomeriggio verso le tre. Era di quelli che facevano paura, perché indossava la camicia nera e aveva il viso scuro e lo sguardo di chi ha disimparato ad amare. Faceva parte di quelle S.S. il cui semplice menzionarle, per quel suono sibilante della esse ripetuta, frustava i nervi e svegliava la paura.

Altri erano venuti, armati, qualche sera prima. Avevano perquisito la casa, spalancato le porte a calci, puntando il mitra in direzione di un ignoto nemico che pareva appunto volessero stanare. Se ne erano andati con una mortadella e un sacco di farina gialla che, comprati al mercato nero, dovevano servire per molti nostri pasti, pranzi, o cene.

Egli, invece, aveva lasciato la pistola nel fodero e teneva in mano due innocui fagottini di carta.

La nonna lo guardò attenta, come a cercare di capire che cosa da lui ci fosse da aspettarsi, poi guardò noi bambini, forse domandandosi in che modo avrebbe potuto difenderci. Non dimostrò paura. I miei fratelli erano troppo piccoli per capire e continuarono a giocare. La nonna ed io eravamo unite nella nostra immobilità assoluta, come di animali che fiutano un pericolo.

Il tedesco disse: – Caffè, zucchero. Per me –. E porse i fagottini di carta.

La nonna capì subito, non parlò, soltanto ebbe un impercettibile sospiro di sollievo. Prese la caffettiera napoletana, inutilizzata da tempo, aprì i cartocci dello zucchero e del caffè, con la calma di chi è solito compiere un'azione abituale. Il soldato tedesco si sedette e allungò le gambe sotto il tavolo. Senza una parola, senza uno sguardo a noi bambini. Attese, semplicemente, fino a quando la nonna non gli versò il caffè nella tazzina.

Lo bevve a piccoli sorsi. Lo gustò socchiudendo gli occhi,

come perduto in qualche ricordo suo, o fantasticheria. Alla fine, si alzò e se ne andò, così come era venuto. Senza aggiungere una sillaba alle parole pronunciate, entrando.

Finalmente riuscii a muovermi, ritrovai la voce.

– Perché, nonna? –.

– Non so, cara –.

– Perché non si è fermato giù, all'osteria? –.

– Perché... Forse preferisce un caffè casalingo. Dall'odore, quel suo caffè, sembrerebbe di ottima qualità –.

– Nonna, se n'è stato sempre zitto, non ha detto nemmeno grazie! –.

– Forse perché non conosce l'italiano. Mi è sembrato un povero diavolo –.

– È un tedesco – puntualizzai duramente. Erano bastati pochi mesi, ma gli ultimi e più disastrosi di quella guerra assurda, perché anch'io, bambina, imparassi ad odiare.

Mi guardò incerta, come se non sapesse risolversi a parlare. Si decise: – Non dire alla mamma che è venuto –.

– No, risposi, non glielo dico –.


Tornò ogni giorno, alla solita ora e risparmiò anche quelle poche parole della prima volta. Solo che ora si guardava intorno. Osservava la stanza povera, simile ad un accampamento di straccioni, soffermava lo sguardo su noi bambini, studiava pensieroso la nonna che si muoveva calma, attorno al fornello a carbone, poggiato sopra una cassa di legno. Le fissava i capelli grigi, legati a crocchia dietro la nuca.

Ora i suoi occhi sembravano meno neri e meno duri.

Un pomeriggio la mamma rincasò in anticipo. Lo trovò in casa, davanti alla tazzina di caffè fumante. Mia madre tornava stanca, ogni giorno più magra, ogni giorno con gli occhi più profondi e incattiviti dagli stenti e dai patemi.

Guardò il tedesco, la nonna, noi bambini.

– Che ci fa, lui, qui? – chiese alla nonna. E parlò nel dialetto della sua infanzia che usava solo nei momenti di grande confidenza, o nella collera.

– Viene soltanto a prendere il caffè. Non parla e se ne va presto. Non ha intenzioni cattive –.

La mamma invece ebbe un guizzo. Gli si parò dinanzi.

– Non parli? – chiese – Però gli occhi per vedere ce li hai. La vedi la nostra miseria? La dobbiamo a voi. E tu te ne vieni qua a prendere il caffè, come se fosse casa tua. Ma quando ve ne andate, quando? Io vi vorrei vedere tutti morti! –.

Era fuori di sé. Mi spaventai. Era pallida e aveva gli occhi cattivi. Anche la nonna era pallida e tremava, aveva sul viso un'espressione di sgomento. Il tedesco si era alzato e aveva di nuovo lo sguardo di chi ha disimparato ad amare. Io ero irrigidita nell'attesa.

Automaticamente egli posò la mano sulla fondina della pistola. Per una attimo fugace, forse immaginario. Ora mi domando se avesse capito il vero senso delle parole di mia madre o avesse inteso solo la sua collera, nella voce. Girò intorno al tavolo e uscì da casa, senza voltarsi. Sul tavolo restò la tazzina di caffè che andava raffreddandosi.

La mamma, dopo, si lasciò andare su di una sedia e mormorò: – Ho perso la testa. Oggi c'è mancato poco che finissi in un rastrellamento. Gente che impiccheranno per rappresaglia. E qualcuno ha bambini come me. E in casa mia, questa specie di casa, ci trovo "quello" che beve tranquillamente il suo caffè. Ora vorrà vendicarsi, forse –.

Sospirò, così stanca e rassegnata che nessuna vendetta sarebbe riuscita a scuoterla dall'enorme stanchezza che non era solo fisica.

Invece il tedesco non tornò e non ci furono vendette.

Avrei continuato a pensare a lui per molto tempo ancora. Per molti giorni, alle tre, inconsciamente forse lo aspettai. Ne avrei parlato con la nonna, qualche rara volta. Con pudore. Ma né io né la nonna, avremmo mai saputo niente di lui, più di quel niente che sapevamo.

# Trentesima istantanea

*Sei riuscita – commenta Maria, rivolta a Marina – a rendere quella nonna così realisticamente vera e commovente...*

*– Non è merito mio, ma della bambina. È così che la vede: si amavano molto –.*

*– Anche la figura del tedesco risulta positiva...–.*

*– Io invece considero come i loro pensieri comunicassero e si incontrassero senza il vincolo e il limite delle parole: la nonna, il tedesco, la bambina... –.*

*Sommessa la voce di Marinella, nella stanza: – Avrei voluto conoscere il dopo, il seguito degli avvenimenti –.*

*– Ti riferisci al tedesco. Perché è di lui che non conosci il seguito – precisa Marina.*

*– Si fanno incontri che restano fluttuanti nei ricordi, in una sorta di limbo, senza una precisa collocazione, senza spazio temporale – interviene Maria.*

*– Però il ricordo è un patrimonio che nessuno può toglierti – insiste Marina.*

*– Gli attimi sanno essere più importanti dello scorrere monotono del tempo –.*

*La voce di Maria è rassicurante e la bambina le sorride, grata per quel suo voler consolarla.*

# IL MACELLAIO

Sdraiata, prona, sul pavimento polveroso del mezzanino, guardavo attraverso la feritoia nel muro all'altezza dei miei occhi. Ero stata svegliata, prima dell'alba, dall'urlo agghiacciante della nonna.

Quasi ogni notte la nonna urlava, non so per quale incubo. Al risveglio diceva di non ricordare, mai avrebbe rivelato le sue angosce segrete. Gli altri, i miei fratelli e la mamma, ormai sembravano non farci più caso, si erano assuefatti. Del resto, anch'io, di solito, riuscivo a riaddormentarmi. Quella volta no. Avevo percepito qualche movimento nel cortile. L'incoscienza di sicuro vale più del coraggio, perché, appena gli altri si erano riaddormentati, ero uscita di camera a piedi nudi e avevo salito le scale che portavano alla soffitta. Adesso, appiattita contro il pavimento, guardavo fuori nel cortile.

Vidi una lucina debole e due persone che si muovevano nel retrobottega della macelleria. Una di queste persone mi sembrò il macellaio, però forse mi sbagliavo poiché sapevo che mancava da casa da alcuni mesi. Avevo sentito sussurrare che era scappato per non essere preso dai tedeschi. Non ricordo di più.

La "lucina" era una fiammella di candela. La saracinesca era stata tirata su, perché altrimenti non avrebbero avuto spazio sufficiente per l'operazione che stavano per compiere: macellare una mucca.

Non mi mossi. Ero come incollata, corpo e sguardo. La curiosità superò l'orrore. La bestia era stata legata con funi, anche il muso, forse perché non muggisse. Per ucciderla, usarono un paletto e un martello. Tremavo, ma non mi mossi. Temevo mi potessero accusare di averli spiati. Non ricordo i particolari, o forse li ho rimossi, però ricordo che la squartarono. Dalla pancia le uscirono due vitellini. Ero inorridita, ma anche affascinata. Che la carne rappresentasse una parte importante dell'alimentazione umana lo avevo dimenticato, dopo mesi di fame arretrata, mi sarei accontentata di molto meno.

Prima che fosse giorno, avevamo finito e ripulito; la saracinesca era stata abbassata. Me ne tornai a letto, gli altri ancora dormivano. Mi riaddormentai.


– Il macellaio è tornato – dissi alla mamma. E le raccontai di aver viso macellare la mucca.

– Hai sognato – commentò mia madre. E, come al solito, la sua incredulità mi offese.

– Povera mucca, aveva due vitellini in pancia. Pensi che siano morti? –.

– Non so come tu abbia potuto fare un sogno simile, hai una bella fantasia –. E intanto si preparava in fretta per raggiungere il posto di lavoro a dieci chilometri di distanza.

E allora io, giù, standole dietro ad ogni suo movimento, a raccontarle i particolari di quanto avevo visto nella notte. La nonna intanto mi ascoltava preoccupata e quella volta tergiversò anche lei.

– Sai, nonna, incalzai, mi sono svegliata perché hai gridato. Forse anche tu stavi sognando quella povera mucca? –. Quando mi ci mettevo riuscivo ad essere implacabile.

Niente da fare, non accettò la mia provocazione. Finse semplicemente di non aver sentito.

Intanto la mamma era pronta per uscire. Prima di andare via, si conciava da far pena. – È meglio che ti fai brutta più che puoi – qualcuno le aveva consigliato. La mamma aveva truccato anche la bicicletta, in modo da farla sembrare più sgangherata di quanto già non fosse.


La moglie del macellaio ci aveva chiamato a mangiare i "ciccioli" di maiale insieme a loro. Una loro parente era venuta a trovarli da un paese vicino, passando attraverso i campi. Aveva portato le interiora e altri pezzi del maiale che, di nascosto, era stato macellato a casa sua. Una famiglia di macellai, pensai. Chissà se il maiale era stato ammazzato con paletto e martello, come la mucca di due mesi prima. Ma tutti i contadini sanno macellare il maiale. Il problema, di quei tempi, era riuscire a nascondere le bestie prima che i tedeschi le trovassero e, dopo, nasconderne la carne. Quella donna era stata tanto coraggiosa da ricordarsi perfino della nipote e del piccolo nipotino di un anno. E, in più, aveva fatto invitare anche noi, quando aveva saputo che, eravamo due donne sole e tre bambini: così la mamma mi aveva spiegato.

Entrammo in casa loro, furtivamente, quando fu buio, come ladri. Forse era notte. Non esistevano orari normali, in quel periodo. La cucina era illuminata da una lampada a petrolio, col lucignolo molto basso. C'era un tale profumo di "ciccioli" e salsicce di maiale che mi preoccupai. Sapevo che anche i soldati tedeschi, diventati nemici, erano affamati.

– Questa è la zia di mio marito – ci presentò la giovanissima moglie del macellaio che sembrava, ed era perché sedicenne, una bambina. E, del resto, anche il marito fuggito in montagna, aveva appena compiuto i diciotto anni.

– La zia starà un po' di tempo con noi, per darci un mano, ora che sono sola col bambino –.

Osservavo la zia muoversi disinvolta per la cucina, mentre mi riempivo la bocca di pane e ciccioli. Era molto brutta, secondo me, o forse s'era truccata da brutta, come faceva la mamma prima di uscire.

I capelli sembravano di stoppa. Indossava una gonnellona lunga, quasi da zingara, era magra e legnosa. Portava gli occhiali sul naso e aveva un neo sul mento. Forse si era truccata da befana. E parlava con voce bassa, a tratti stridula. Mi incuriosiva molto. Lo sguardo mi cadde sulle sue scarpe grosse, da vera contadina. Però che piedi grandi! Come quelli di un uomo, pensai. Quelle scarpe le avevo già viste, avevano una caratteristica curiosa, una era legata con una stringa nera e l'altra marrone. Erano le scarpe del macellaio!

Il mio sguardo fu calamitato dalla "zia befana". Mi fissava attenta, imperiosa. Anche i suoi occhi li avevo già visti.

Girando le spalle agli altri, si chinò su di me. Con una mano mi porgeva un cartoccio con altri ciccioli, con l'altra teneva il dito indice contro le labbra per indicare il "silenzio".

"Silenzio, non tradirmi".

Feci un segno di assenso con la testa.

– Brava bambina – sussurrò, porgendomi del pane. Gli altri parlavano e ridevano e non si erano accorti di nulla.

Seguitando a mangiare, a testa bassa sul cartoccio, mi domandavo perché avesse voluto correre quel rischio di invitarci a casa sua. Certo per generosità, sapendoci affamate.

Avrei voluto "fargli" capire, al macellaio, che di me poteva fidarsi. Ma è difficile trasmettere il pensiero. Anche se fra noi qualcosa del genere era già avvenuto nel momento in cui lo avevo riconosciuto.

Prima che ce ne andassimo, la zia era già scomparsa.

Il giorno dopo, la nonna informò la mamma: – Quella brava donna se n'è dovuta andare prima del previsto. Ha saputo che sua sorella sta male ed è andata da lei. E' proprio un'anima buona –.

La nonna probabilmente c'era cascata, non so la mamma. Né io, senza tradire la consegna del silenzio, avrei potuto approfondire di più.

Mi turbava il pensiero che "la zia del macellaio" non si fosse fidata di me.

# UN RIFUGIO MOLTO PRECARIO

Le donne avevano scavato nel pavimento dell'osteria. Erano rimaste solo donne nel paese, gli uomini o erano in guerra, o prigionieri, o fra i partigiani. Avevano fatto una buca profonda circa un metro e mezzo. Sopra l'apertura, piuttosto larga, avevano posto un grande tavolo sul quale erano stati messi alcuni vecchi materassi. Quello fu un rifugio antiaereo, illusoriamente sicuro, dentro il quale si rifugiarono alcune donne con i loro bambini. Nel gruppo, per essere precisi, c'erano anche due maschi: Nino di un anno e Giobatta di ottanta e passa. L'osteria era stata chiusa per ordine del comando tedesco, da quando i bombardamenti s'erano infittiti. Bombe, mitragliamenti a tappeto, bengala che illuminavano la notte a giorno. Poi c'erano le rappresaglie dei tedeschi quando trovavano uno dei loro morto ammazzato dai partigiani.

Per Marinella, sei anni, quest'ultimo era un tragico pensiero. Non riusciva a capire come, per un solo tedesco morto, venissero impiccati dieci innocenti, il più delle volte donne, vecchi e ragazzini. E ancora di più si arrovellava, soffrendo molto, domandandosi come mai chi aveva ucciso il tedesco, non si facesse avanti a salvare quei poveri disgraziati. Un gesto estremo, di eroismo e sacrificio, per non macchiarsi la coscienza, anche lui come gli altri, della morte di dieci innocenti.

Mai osò confidare quel pensiero, né alla mamma che odiava i tedeschi, né alla nonna che aveva pietà per tutti.

Nino non riusciva a sillabare parole, ma imitava perfettamente il sibilo dei bengala, il rombo degli aerei e le esplosioni, quanto bastava a far capire che non era muto.

Sua madre lo osservava preoccupata. – Questo bambino sta impazzendo –.

Alla bambina, invece, il fratellino sembrava molto tenero e divertente, solo che aveva avuto la sfortuna di capitare in tutto quel frastuono. Nessuno si perdeva con lui ad insegnargli qualche parola. Anche Marinella parlava a fatica, sempre con la gola secca e lo stomaco vuoto. La nonna, dal canto suo, stava a pregare di continuo, con il rosario in mano, perduta in un delirio mistico che sembrava irreversibile. Gli altri, a tratti, l'assecondavano, seguendo il ritmo delle sue giaculatorie e avemaria, poi si distraevano.

Ciascuno aveva un suo modo di distrarsi dalla paura. La bambina viveva la privilegiata immunità di chi considera la morte un'amica che, prima o poi, viene a trovarti. Così osservava gli altri, mentre si nascondevano dietro le loro paure, preghiere, racconti. E, strano, quelli parlavano proprio per non pensare. Nessuno si meravigliava del silenzio di Marinella.

Gli aerei che si alternavano nei bombardamenti erano tre. Uno volava da solo ed era stato soprannominato "Pippo", gli altri volavano in coppia e venivano indicati come "le due orfanelle". Anche questo un modo di sdrammatizzare.

– Stanotte è di turno Pippo – commentava Giobatta. Oppure: – Lavoro doppio, stanotte. Abbiamo le Due Orfanelle –.

E gli altri a ridere, quella risata isterica che non era divertimento.

Nel rifugio erano state messe delle seggiole e dei panchetti, ci si stava scomodissimi, impossibile dormire. Inoltre c'era il tormento degli insetti, pulci e pidocchi, seminati dai tedeschi durante la loro permanenza in osteria.

Alla mamma di Marinella piaceva raccontare di sé e uno stesso episodio veniva ripetuto più volte, come per una replica in teatro. Ogni volta, veniva aggiunto un particolare che arricchiva, così come per un romanzo. Si parte da un canovaccio, o trama, vengono aggiunti nuovi personaggi, o dialoghi, o colpi di scena. Alla fine ci si dimentica da quale spunto si sia partiti. Ma in quella circostanza non importava che le storie fossero del tutto genuine, l'importante era dimenticare che Pippo o le Due Orfanelle potessero alla fine centrare anche quel bersaglio, la fossa dentro l'osteria.

Carla raccontava del suo primo fidanzamento a quattordici anni, col beneplacito della zia Sara che la ospitava. Marinella si domandava se, anche per lei, il primo amore sarebbe arrivato a quell'età, non mancava poi così tanto tempo. Quel fidanzato si chiamava Michele ed era uno studente universitario che abitava nella casa di fronte, dall'altro lato della strada.

Veniva a trovarla tutte le sere, dopo cena. Stavano seduti sul divano, mentre la zia leggeva, o ricamava, in disparte. Ma se, a volte, la zia si girava, o usciva per qualche attimo dalla stanza, lui approfittava per accarezzare, o baciare, la fidanzatina. Le sussurrava in un orecchio: – Quando la zia si è addormentata, fammi un segnale dalla finestra –.

– E poi..? –.

– E poi scendi e mi apri il portone. Io sono già lì che ti aspetto –.

– Ma perché? – si turbava la ragazzina.

– Per baciarti meglio, senza la paura della zia –.

Viene in mente la favola di "Cappuccetto rosso": "Per mangiarti meglio, bambina mia...". E in un boccone se la mangia.

Ansia e paura nei bambini quando ascoltano la favola. Non so se altrettanto, nelle ragazzine di quattordici anni al racconto di Carla. Resta l'analogia. La ragazzina, dopo l'ennesimo rifiuto, raccontò tutto alla zia. La risposta fu sorprendente.

– E tu accetta. Scendi, apri il portone e, dopo cinque minuti, arrivo io. Ma prima di scendere assicurati che io sia ben sveglia –.

Che cosa si proponeva, la zia nubile, trent'anni, nella Sicilia di quell'epoca? Carla non volle correre il rischio. E se la zia si fosse riaddormentata?

Nel racconto, dentro il rifugio, Carla, dopo varie repliche a richiesta, aggiungeva un ritocco nuovo.

– La zia non era mai stata fidanzata. Michele le era sempre piaciuto, forse ne era innamorata più di me... –.

Quando Carla era bambina la sua famiglia era ancora sufficientemente agiata. Il nonno aveva perso al gioco quasi tutto il patrimonio, ma al figlio era rimasto di che vivere di rendita. Aveva sposato una ragazza di famiglia borghese, di sicuro con un una dote interessante. Erano arrivati due figli maschi e, dopo dieci anni, Carla, la più piccola, coccolata da tutti.

Ma, forse, anche i cosiddetti vizi si trasmettono geneticamente. O, solo ai più fragili, accade di seguire esempi sbagliati. Gioco e donne. Fatto sta che il figlio concluse l'opera del padre, perdendo anche la casa. Arrivarono i nuovi proprietari a dire loro di andarsene al più presto. Si ritrovarono letteralmente per strada e, di certo, fu un grosso trauma. Si sparpagliarono tutti per l'ospitalità frazionata dei parenti. Carla finì in casa della nonna materna e delle zie nubili, gli altri in ordine sparso non ben precisato. Ai fratelli di Carla, per fortuna, mancava poco a diplomarsi e fu abbastanza facile aiutarli a finire gli studi. Carla fu letteralmente adottata dalla zia Sara, sorella di sua madre. I genitori trovarono lavoro e impararono quanto sia duro lavorare specialmente se non lo hai mai fatto e come anche il lavoro più umile sia importante nella misura in cui può darti da vivere.

A Marinella dispiaceva che la mamma parlasse tanto di Michele e così poco del babbo. Carla, del marito diceva: – La prima cosa che ho pensato, quando l'ho visto per la prima volta, è stata "mamma mia, quanto è brutto" –.

Alla bambina, per come lo ricordava all'ultima partenza, non sembrava brutto. E poi, se la mamma lo aveva sposato, voleva dire che non era sembrato brutto nemmeno a lei. Quindi mentiva per rendere più divertente il racconto?

Sua madre lo aveva visto la prima volta, quando si era affacciata al terrazzo a veder sfilare un funerale. Era morta una ragazza di vent'anni. Era forse il periodo dell'epidemia di spagnola e, comunque, a quei tempi, di influenza si moriva. Il fidanzato, che seguiva fra i primi, parenti e amici affranti, aveva alzato gli occhi al terrazzo, chiamato dallo sguardo della ragazzina. Lei aveva pensato "quanto è brutto", senza sospettare che lo avrebbe sposato poco tempo dopo, contro il volere di tutta la famiglia.

La mamma rideva divertita, raccontando, come a dire che non si può mai sapere nella vita. A Marinella sembrava che non ci fosse niente da ridere.


Santina abitava al piano terreno della grande casa, insieme agli altri domestici. Era la guardarobiera: stirava, rammendava e cuciva biancheria. Ogni tanto cadeva in una sorta di deliquio, strabuzzava gli occhi, sembrava che le si gonfiasse il viso ed il corpo, poi cominciava a parlare con una voce diversa, abbastanza maschile. Le prime volte, si erano spaventati ed era stato chiamato il medico. Dal momento che si era ripresa, lui l'aveva trovata in perfetta salute, solida come una roccia. In seguito avevano scoperto che, quando cadeva in "trance", parlava in greco e in latino. I fratelli di Carla, che frequentavano il liceo, smisero di prenderla in giro, come avevano sempre fatto, e realizzarono che fosse il caso di servirsi di quelle straordinarie doti medianiche. Nella trance, si era dichiarata un alto prelato vissuto alcuni secoli prima. I ragazzi, quando avevano da fare una traduzione dal latino, incitavano Santina: – Chiama l'abate, Santina, abbiamo bisogno di lui –.

Lei si schermiva, tergiversava, esprimendosi nel dialetto siciliano, unico idioma che conoscesse, povera donna analfabeta.

Non capiva l'origine di quello strano fenomeno, lo considerava una sorta di inspiegabile, fastidioso malanno, un sonno profondo dal quale usciva sfinita.

Carla ne raccontava tante su Santina, ma di pochi episodi era stata diretta testimone. A Marinella, quel genere di racconto procurava disagio, come per l'avvicinarsi troppo a un confine vietato. Gli ascoltatori adulti invece parevano entusiasmarsi e stimolavano Carla a ricordare altri episodi.

Una notte, dopo tante insonni, nel rifugio si addormentarono tutti, nonostante la condizione così scomoda, ultima la nonna che li aveva cullati recitando le sue "avemaria". Li svegliò un enorme boato, un sobbalzo del terreno sotto di loro. Facce stralunate e brividi. L'acqua filtrata dal terreno, per qualche tubatura rotta o altro, era salita talmente da bagnare le gambe degli adulti. Marinella era bagnata fino allo stomaco, i bambini più piccoli si erano salvati, perché stavano sulle ginocchia delle mamme.

– Bisogna uscire di qua, se non vogliamo prenderci una polmonite –.

– La bomba deve essere caduta molto vicina –.

– Forse ha colpito proprio la nostra casa –.

– Vado a vedere – disse Carla – Tanto bisogna uscire tutti di qua: l'acqua continua a salire –.

La bomba aveva colpito un angolo della casa, proprio sul lato sinistro del primo piano dove alloggiava la famiglia Piumalbi. Era sparito il ripostiglio, la cui porta ora dava nel vuoto. Eppure, non avendo dove andare, sarebbero rimasti ancora là, nello stanzone sempre più freddo, sempre più squallido e meno sicuro.

## Trentunesima istantanea

– Mi domando – dice Marina – come la bambina possa aver custodito per te, che hai ricostruito fatti e particolari, il ricordo di quei momenti, così preciso e nitido, perfino il nome del primo fidanzato della madre. Davvero non le sfuggiva nulla.

– Era talmente attenta... Non perdeva una sillaba dei racconti di sua madre. Era il suo idolo. Pensava che, per essere considerata dagli altri, bisognasse imitarla. Tutti pendevano dalle sue labbra, sollecitavano il seguito delle storie, si interessavano. La bambina, invece, si sentiva invisibile, pensava che gli altri forse la considerassero sorda, cieca e muta, o semplicemente non in grado di capire.

– È così che gli adulti "scandalizzano" i bambini: parlano di tutto, pensando che i piccoli non ascoltino o non capiscano.

# LA MAESTRA

La bambina stava seduta nel primo banco, privilegio che le era stato concesso, oltre quello di frequentare la prima classe elementare a soli cinque anni, avendo per insegnante sua madre. Accanto a sé aveva Silvana, dal viso colorito, sempre allegra, figlia di contadini. Qualche banco dietro, stava seduta Verdiana, molto alta, filiforme, pallidissima. Marinella percepiva la sua presenza anche girandole le spalle, come quanto avverti che qualcuno ha bisogno di aiuto, non sai quale aiuto, vorresti aiutarlo, ma non sai come, ti senti inadeguata, impotente. Verdiana, molto malata, si sarebbe ritirata da scuola a metà anno scolastico. All'ultimo banco di un'altra fila, stava seduto Luca, era il più grande, aveva dodici anni. Teneva la testa sulle braccia conserte poggiate sul banco, dormiva di continuo. Alla maestra avevano detto di lasciarlo stare, tanto lo mandavano a scuola soltanto per non tenerlo in casa da solo. Quei tre, per motivi diversi, rimasero nei ricordi della bambina.

Sua madre le aveva detto: – Quando sei a scuola dimentica che sono la tua mamma. Sarò molto più severa con te che con gli altri, quindi comportati bene –.

– Come devo chiamarti, mamma o signora maestra? –. C'era già dell'ironia nei suoi pensieri, o semplicemente prendeva molto sul serio tutto ciò che diceva sua madre?

– In classe chiamami "signora maestra". Gli altri bambini non devono sentirsi diversi –.

Marinella si sentì invece molto diversa dagli altri. Niente voce dolce, né sorrisi, né lodi per un compito ben fatto, sempre "visto", mai un voto ben scritto sul quaderno. Furono mesi di disagio incredibile. In compenso, s'impegnò moltissimo a dimostrare che poteva essere la migliore. Già sapeva leggere, partiva avvantaggiata. Il peggio venne per i compiti a casa. Quando non capiva, o non ricordava una spiegazione, non poteva rivolgersi a sua madre, non le era permesso.

– Pensa ai tuoi compagni che hanno i genitori analfabeti, nessuno li aiuta. Sarebbe ingiusto, se ti aiutassi –.

A Marinella quel ragionamento tornava male, non tutti i suoi compagni avevano i genitori analfabeti e poi che senso aveva. Almeno a casa, la mamma avrebbe dovuto dimenticare di essere la sua maestra. Anche la nonna le dava ragione, si rivolgeva alla figlia, rimproverandola: – Sei esagerata. Alla fine, per mostrarti imparziale, sei ingiusta con tua figlia –.

La maestra ebbe bisogno di uscire dalla classe. Si rivolse alla figlia: – Vai alla lavagna e segnami "i buoni ed i cattivi"–.

Avvenimento eccezionale. Si era sempre rivolta ad altri che, nonostante lei se ne fosse stata immobile e impettita nel banco fino a sentirsi dolere la schiena, la segnavano, per dispetto, fra i "cattivi".

Alcuni compagni cominciarono a prenderla in giro; uno soprattutto, con smorfie e sberleffi. Aveva capito che mai la maestra avrebbe preso le parti di sua figlia.

Segnò i ribelli fra i cattivi. Bastò per tutti, tranne per quello che saltò sul banco a beffeggiarla: – Tanto non conti niente, tanto non conti niente...–.

Letteralmente il sangue le salì agli occhi. Prese il righello sopra la cattedra e bacchettò il ragazzo sulle gambe. Una sola volta, ma bastò a farlo urlare come se l'avesse scannato. Arrivò la maestra, alla quale "la vittima" raccontò il fatto. Nessuno intervenne a modificare. Marinella ci provò, ma fu subito zittita, il segno rosso sulla gamba del compagno l'accusava inesorabilmente.

La maestra intimò: – Mettiti in ginocchio sulla pedana della cattedra –.

La bambina non riusciva a crederci, diventò tutta rossa e le tremarono le gambe. La maestra fu irremovibile. Marinella rimase in ginocchio sul legno duro per tutta la lezione. Impossibile descrivere l'umiliazione, la rabbia, forse anche un sentimento che somigliava all'odio. Solo la morte avrebbe potuto consolarla.

A casa, sua madre raccontò la sua versione alla nonna.

– Sapessi che cosa mi ha combinato quella matta lì... Ha picchiato un compagno col righello –.

La nonna si meravigliò. – Chissà che cosa le aveva fatto –.

Marinella, che aveva tenuto le labbra serrate fino a quel momento, si liberò dal rospo in gola: – È saltato sul banco e mi ha preso in giro. Ha detto che tanto io non conto niente! –.

– Ma non ti aveva picchiato. Tu sei passata dalla parte del torto proprio perché lo hai picchiato –. E rivolta alla nonna: – Avessi visto che riga rossa sulla gamba... –.

– E le mie ginocchia? Guarda come sono rosse e mi fanno ancora male! –.

– È stato giusto punirti –.

– Avresti potuto trovare una punizione diversa – disse la nonna.

– Davanti a tutti, in ginocchio sulla pedana...– insistette la bambina.

– Bisognava che lo facessi proprio davanti a tutti. Tutti devono vedere che non faccio differenze. E poi, così sono sicura che non ci ricaschi e i genitori del tuo compagno non verranno a lamentarsi. Del resto, ti avevo avvertita che sarei stata più severa con te che con gli altri. E non parliamone più –. Inesorabile.

## Trentaduesima istantanea


Nella stanza dalle pareti bianche, c'è il silenzio della riflessione. La bambina seduta sul cuscino ha il visetto tutto rosso, le labbra contratte. Ha rivissuto la sua rabbia.

Marina le si rivolge: – Mettiti nei panni di tua madre. Aveva avuto il permesso di tenerti in classe con sé a certe condizioni –.

– E nei miei panni chi ci si mette? –.

– Che cosa avresti voluto? – insiste l'altra.

– Che mi spiegasse meglio le ragioni della maestra e mi consolasse come una mamma –.

Maria le si avvicina e l'accarezza sui capelli.

Anche chi sta fuori a guardare prova la tentazione di entrare nella stanza a consolarla.

# OASI

Poche oasi, momenti di serenità nella sua infanzia, ma, proprio per questo più preziose, tanto da mantenerle vive nella memoria con tenacia.

La mamma le diede la notizia: – Ho incontrato i genitori di Silvana. Ti avrebbero invitata a passare una vacanza da loro, ma non so se tu... –.

Un tuffo al cuore, molto diverso da altri. Anche la voce uscì diversa, più acuta, sorpresa ed esaltata.

– Davvero, mamma. Mi ci manderesti? –.

– Ti farebbe piacere? Fanno vita di campagna. Sono contadini, non potranno starti tanto dietro...–.

– Sì, mammina, mi piacerebbe... Ti prometto che non darò fastidio –.

In cuor suo pensava di non aver mai dato fastidio, salvo in caso di grave malattia. E adesso quel suo vezzeggiare la mamma, chiamandola col diminutivo, era soltanto per ammorbidirla, anche se non se ne rendeva conto. La prospettiva di "evadere", anche questo, inconsciamente, la travolgeva di speranze sconosciute.

La mamma cedette. La famiglia Moggi veniva in paese una volta la settimana, per fare acquisti e vendere anche prodotti agricoli; la volta successiva, sarebbero passati a prenderla.

Le diedero pochi indumenti, non ne aveva di più. Le fecero indossare la gonnellina blu che, allungando le bretelle serviva da due anni nelle occasioni importanti e ancora sarebbe servita in futuro. A lei sembrava molto elegante. Invece i calzini bianchi nelle scarpe troppo strette la facevano soffrire, ma non si lamentò. Salì sul carro, accanto a Silvana, col timore che all'ultimo momento capitasse qualcosa ad impedirglielo. La mamma aveva detto: – Non più di una settimana –.

I Moggi, quindi, sapevano di dover riportarla al prossimo viaggio. A Marinella una settimana sembrava fosse tanto.

Già il viaggio, sul carretto tirato dal cavallo, le sembrò eccezionale. Silvana con quelle sue gote rosse sprizzava gioia di vivere e simpatia e la comunicava.

La casa era bianca con le persiane marroni, le sembrò immensa a confronto degli ultimi alloggi, soprattutto la cucina con quel suo camino e tutte le pentole attaccate al muro. Poi le mostrarono la stanza che avrebbe diviso con Silvana. C'erano due letti singoli vicini, con la spalliera in ferro battuto, un cassettone e un attaccapanni, un comodino fra i due letti, una lampadina che pendeva dal soffitto e una finestra che si affacciava sull'aia. Una stanza solo per loro due. Non le uscivano le parole per dire quanto le piacesse.

– Così sei troppo elegante per giocare fuori con Silvana. Hai qualcosa di più comodo da metterti? –.

Scosse la testa mortificata.

– Sai che cosa si fa? – le venne incontro l'altra – Mentre stai con noi, ti metti i vestiti di Silvana, così i tuoi rimangono puliti –.

Le sembrò un'idea magnifica, quasi da non crederci. Con i vestiti, ebbe l'illusione di cambiare la sua condizione sociale, la sua esistenza, la sua possibilità di gioire della vita. Si vide nello specchio, si piacque moltissimo. Era come aver cancellato la se stessa di prima. Ciò le procurava un senso di grande leggerezza, come una liberazione.

– Adesso posso anche fare la contadina? –.

L'altra rise: – Se vuoi, puoi fare la *contadina*, ma che dirà la tua mamma? –.

– Lei non lo sa e quando torno a casa, mi rimetto i miei vestiti –.

Fece "la contadina", volle provare tutto. Giorni felici che si scolpirono nella memoria.

Fece il bagno in cortile, nell'acqua della tinozza scaldata al sole. Camminò con gli zoccoli o a piedi nudi. Andò per i campi seguendo gli altri che lavoravano, cercando di aiutarli, o facendosi insegnare. Partecipò alle riunioni, la sera, sull'aia,

quando i ragazzi si incontravano per cantare e rubarsi qualche carezza, o bacio, nel buio. Il fratello di Silvana aveva una ragazza, ogni tanto si appartavano. Silvana disse a Marinella:
– Non lo dire ai grandi. Sono cose da fidanzati, non si dicono ai grandi –.

Raccolsero le lucciole e poi le lasciarono libere in camera, dicendo che portano fortuna. Di notte, le guardarono volare, prima che uscissero, di nuovo libere, dalla finestra lasciata aperta.

Marinella scoprì anche che si può fare "merenda" con un rosso d'uovo sbattuto con lo zucchero e un poco di marsala. Allora i contadini sono ricchi, pensava. Ricchi e felici, avrebbe voluto restare sempre con loro.

La settimana volò. Marinella si fece coraggio e disse che non voleva ancora tornare.

– Siamo contenti se tu rimani ancora. Silvana ne è proprio felice e poi la prossima settimana c'è da raccogliere la camomilla, così ci dai una mano. Allora andiamo in paese da soli, speriamo che la tua mamma non si arrabbi –.

Di settimana in settimana passò un mese, le riferivano che la mamma non era contenta.

– Perché non chiediamo alla maestra se ce la lascia qui per sempre? – propose Silvana.

– Tu saresti contenta di restare per sempre con noi? – le chiese la donna.

– Sì, a me piacerebbe –.

– Non hai nostalgia della tua mamma e dei tuoi fratelli e della tua nonna? –.

Capì che non poteva negare quella nostalgia, a lei stessa sembrava così strano non provare nostalgia.

– Sì, ho nostalgia. Mi piacerebbe rivedere la mia famiglia ma anche restare con voi. Però capisco che non è possibile. Mi piacerebbe che i miei genitori fossero contadini, qui è tutto così bello –.

La mamma si arrabbiò molto per tutto quel rinviare e impose il ritorno.

L'ultima settimana, finirono il raccolto della camomilla. Avevano partecipato tutti i bambini delle case vicine. Dopo la vendita, ciascuno avrebbe avuto il suo compenso, veniva detto dai grandi. Marinella pensò che per lei non ci sarebbe stato il momento del compenso.

La mamma di Silvana aveva il dono di leggerle nel pensiero, infatti precisò:– Prima di riportarti a casa, passiamo a vendere la camomilla, così potrò darti la tua parte –.

In quella famiglia, era come vivere un bel gioco che finisce sempre bene, perché alla fine vincono tutti.

Silvana si mise a piangere quando Marinella fu pronta per salire sul carro. Sua madre le disse: – È meglio che tu rimanga a casa con i nonni, sennò diventa troppo triste salutarvi –.

Marinella sentiva di essere già molto triste e la spaventava l'idea di diventarlo di più.

Si fermarono, dopo, presso una specie di magazzino a vendere vari prodotti fra i quali anche la camomilla. La bambina era molto orgogliosa di aver collaborato alla raccolta: aveva lavorato. La gratificava l'idea di un piccolo compenso, come a dire che il valore di ciò che fai viene riconosciuto. La mamma di Silvana le consegnò un fazzolettino annodato con alcune monete dentro. Anche questo una sorta di gioco che era pure una lezione di vita.

– Ti ci puoi comprare dei dolci, oppure dei quaderni, oppure un nastro per i capelli... Saranno frutto del tuo lavoro –. Le fece una carezza, quasi di sfuggita, lei era una rude contadina da generazioni, non voleva commuoversi "restituendo" quella bambina alla quale tutti in famiglia si erano affezionati.

La mamma l'aspettava alla finestra e, quando vide il carro, scese in strada.

– Ti sei decisa finalmente –. Furono le sue prime parole che sicuramente nascondevano l'ansia e una certa inconscia gelosia, ma tutto questo la bambina non poteva capirlo. Si sarebbe aspettato un abbraccio e qualche parola affettuosa...

– Mi dispiace che vi abbia dato tanto disturbo, non dovevate ascoltarla, se pretendeva di restare ancora, è abbastanza grande per non fare capricci –.

Fu l'altra ad aiutare la bambina a scendere. Marinella era entrata in confusione, se avesse parlato si sarebbe messa a piangere. Era contenta di vedere la mamma, ma non si ricordava che sapesse essere così ingiusta.

– Hai dimenticato il tuo fazzolettino – la richiamò la donna. Marinella arrossì e allungò la mano.

E qui scattò, dopo le spiegazioni, la reazione della mamma.

– Ma non ti vergogni? Ti hanno ospitata, vitto e alloggio per tutto questo tempo e ti fai dare dei soldi! –.

Avrebbe voluto sprofondare, non si era resa conto di aver fatto un'azione tanto grave e vergognosa.

Anche la mamma di Silvana era imbarazzata.

– Lo facciamo con tutti i "nostri" bambini perché imparino l'importanza del lavoro. Anche Marinella ha lavorato per molte ore e sapeva che ci sarebbe stato un compenso –.

Alla fine il commiato fu freddo. Se qualcuno si era macchiato di scortesia, non era stata la bambina.

Salita in casa, mentre la mamma raccontava la sua versione dei fatti alla nonna, Marinella si affacciò alla finestra a guardare il carro allontanarsi verso la sua oasi ormai perduta.

# Trentatreesima istantanea

*Nella stanza dalle pareti bianche e spoglie, c'è poca luce, ma ciascuna delle tre ama la penombra. Serve a nascondere le emozioni che lo sguardo tradisce. Anche se, ad uno spettatore attento, non sfuggono.*

– Non ricordavo quel particolare delle monete nel fazzoletto –.

– La bambina ha voluto suggerirlo. Per lei fu sconvolgente e anche mortificante. Si sentì un'ingrata nei confronti dei suoi amici contadini –.

– Chissà se è bene ricordare certi particolari minimi...–.

– Davvero li ritieni minimi? –.

– È che non mi aspettavo quella conclusione. E, comunque, che sbaglio fece sua madre in quell'occasione? Qualunque altra si sarebbe comportata come lei –.

– Probabilmente le due donne avevano ragione entrambe. Però consideriamo il malessere della bambina. Era stata così felice in quella casa e li aveva ricambiati con un gesto vergognoso... Eppure le era sembrato così naturale quel bellissimo gioco che insegnava la vita... –.

– D'altra parte, si sentiva in colpa anche nei confronti di sua madre, come se, in qualche modo, per un lungo periodo, avesse voluto dimenticarla, sostituirla e perfino cancellarla –.

– Il mio compito è solo quello di raccontare, non mi sento di dare giudizi. Penso solo che noi adulti, quando ci rivolgiamo ai bambini, dovremmo per lo meno riflettere e poi, magari tacere –.

Questa la frase categorica e conclusiva di Maria.

# IL CORAGGIO DELLA DISPERAZIONE

Marinella non respirava, rantolava. Al suo capezzale, la mamma smise di piangere, si scosse dalla rassegnazione. Intimò alla nonna che stava pregando: – Vieni qui, renditi utile. Tirala su, ché voglio guardarle la gola –.

La bambina sentiva la gola chiusa come da una cerniera.

E infatti sua madre constatò atterrita: – Ha una piastra grigia. Ho paura che sia difterite. Vado a chiedere aiuto al comando tedesco –.

La nonna sbiancò. Non erano più momenti da rivolgersi ai tedeschi.

– È pericoloso – balbettò.

– Se non vado, la bambina muore di sicuro –.

Marinella cercò di parlare, le uscì un suono orribile, le mancava il respiro. La mamma fu tempestiva, con l'asticciola di una penna, del cotone inzuppato nella tintura di iodio, fece una sorta di stantuffo e con quello aprì uno spiraglio nella piastra grigia. Poi corse fuori.

La trattennero in ostaggio al comando tedesco. Non si fidavano, temevano un agguato. Erano stati trovati dei tedeschi morti, uno in paese, altri nei paesi vicini e molti più italiani erano stati uccisi per rappresaglia. L'odio dominava, da una parte e dall'altra. Ma la mamma di Marinella, in quel caso, aveva messo avanti la vita della sua bambina.

È vero che la trattennero, però è anche vero che mandarono un ufficiale medico con il suo attendente e questo è un fatto reale che non si può cambiare. Il medico tedesco riconobbe subito la difterite. Mandò l'altro soldato a prendere il siero antidifterico che, per fortuna, i tedeschi avevano ancora disponibile e diede il consenso a liberare la mamma.

Dopo aver iniettato il farmaco, si trattenne ad aspettarne il risultato. Rimase per ore al capezzale della bambina. A guardarla come se con lo sguardo avesse potuto risanarla.

La nonna avrebbe detto: – Non tutti sono uguali. Ci sono uomini malvagi e altri buoni e altruisti. Forse, in Germania, ha figli anche lui –.

## Trentaquattresima istantanea

– La mamma e la bambina furono molto fortunate ad incontrare un altruista piuttosto che un malvagio –.

– È molto più semplice parlare della mostruosità di una guerra, piuttosto che di qualche raro episodio generoso –.

– Io quasi mi vergognavo a raccontare quella parentesi, temevo che mi considerassero fascista – commenta Marina –.

– Che cosa poteva saperne la bambina di colpe, o ragioni. Lei osservava i fatti per come li viveva –.

– È giusto, invece, raccontarli nella mia versione, per riconciliarci con il genere umano – interviene la bambina.

Maria annuisce e Marina, la più ribelle delle tre, le osserva dubbiosa.

# IL VIALE DEI CAVALLI

Il viale era alberato; lungo il lato sinistro, ad ogni albero, stava legato un cavallo. La bambina si teneva il più possibile a destra. Il cuore le pulsava sordo contro il petto, quei cavalli le sembravano enormi, erano enormi, l'atterrivano. Lei che non conosceva la paura, era terrorizzata da quegli animali giganteschi.

La mamma le aveva detto: – Non posso accompagnarti. Sei grande, cerca di capire. Non posso venire all'ospedale militare tedesco. Se l'ho fatto, in passato, è perché si trattava di vita o di morte, ora non posso, proprio non ci riesco. Sai camminare, conosci bene la strada –.

Era vero, conosceva la strada, per averla percorsa in passeggiate con Nino, ma allora non c'erano i cavalli dei tedeschi.

– Come mi faccio capire? –.

– Va là che ci riesci. Ti ricordi come ti sei fatta capire quella volta che hai accompagnato quel tedesco dalla tua maestra di pianoforte? Mostra loro le tue mani malate e capiranno –.

Le sue mani erano tutte una piaga, chissà quale schifoso batterio le aveva infettate. La pelle cadeva a pezzi e puzzavano. Uno dei tanti "regali" di quella guerra.

Era talmente piccola e gracile che il medico e l'infermiere la guardarono con meraviglia. Lei mostrò le sue mani, senza parlare. Cercava di capire se il pericolo stava più nell'infezione, o nei due uomini che aveva di fronte. Essi si scambiarono un'occhiata, poi le fecero un segno di consenso. Marinella aveva accanto a sé certamente un angelo molto attento, sempre pronto a proteggerla, considerando quanti pericoli le passarono vicini, senza sfiorarla.

Le fecero immergere le mani in una soluzione violacea e gliele fecero tenere a bagno almeno mezz'ora. Lei osservava le sue mani nell'acqua che faceva da lente di ingrandimento, il dolore era diminuito, ma le sembrarono gonfie e goffe oltre che malate. Dopo, con le forbici, l'infermiere tagliò lembi di pelle morta.

Con voce gutturale e aspra, uno dei due le disse: – Tornare domani –.

Lei riuscì solo a pensare ai cavalli e a quanto fosse lungo quel viale da percorrere. Ancora non sapeva che avrebbe vissuto quell'angoscia per almeno dieci giorni. In ogni caso, le sue mani guarirono.

La mamma avrebbe detto: – Hai visto che riesci a farti intendere? –.

Marinella non osò parlarle dei cavalli, anche se il solo pensiero la faceva sudare freddo. Quando la mamma parlava dei tedeschi li chiamava "porci". Se qualche volta, per disperazione, era ricorsa a loro, lo aveva fatto solo perché il medico italiano era scappato per non essere deportato. La mamma era stata fortunata ad incontrare tedeschi meno porci e crudeli degli altri. Molti non avevano avuto la stessa fortuna.

## Trentacinquesima istantanea

*Marina, nella stanza dalle pareti bianche, sta seduta per terra sul tappeto, un po' distante dalle altre due, la bambina e la donna meno giovane. Le fissa con disapprovazione, sta riflettendo.*

*– Adesso capisco perché ad un certo punto della storia mi sono fermata. Non accettavo quella versione dei fatti –.*

*– Perché tu pensi che tutto sia o nero, o bianco, senza vie di mezzo – commenta Maria.*

*– Infatti non ho mezze misure –.*

*E la bambina:– C'è anche il grigio e poi tanti altri colori e molte sfumature... –.*

*– La verità della bambina non esclude la tua. L'importante è che ciascuna di voi due sia sincera –.*

# LA FUGA

Avevano piazzato una mitragliatrice al centro della strada. I loro movimenti erano goffi. Sembravano inesperti e forse anche spaventati, inoltre erano molto giovani, dimostravano meno di diciotto anni. Marinella li osservava dalla finestra, come se si fosse trattato della normalità. I tre giovanissimi soldati tedeschi cominciarono a fare grandi gesti. Uno venne sotto la finestra a gridare nella sua lingua parole incomprensibili. Con i gesti sembrava che volesse dire: – Esci, vieni fuori –. Era molto agitato. La bambina sentì odore di bruciato e, sporgendosi un poco, vide che la scuola nuova era in fiamme. Quell'incendio la spaventò più che i gesti del soldato.

Allora si decise a chiamare sua madre e tradusse: – Dicono di uscire perché danno fuoco alla casa –.

La deluse il suono calmo della propria voce. Allora seguitò con più energia:– Hanno già dato fuoco alla scuola –.

Solo allora la mamma si affacciò alla finestra per verificare.

– Perché non mi hai chiamata prima! – la rimproverò.

Non la contraddisse. Anzi rimase indifferente al rimprovero inappropriato. Viveva una sorta di anestesia dei sentimenti.

I tedeschi bruciavano tutte le costruzioni che li avevano ospitati in quell'ultimo anno ed era abbastanza verosimile che volessero dar fuoco anche all'osteria.

La mamma spingeva una carriola con dentro non so cosa che le era sembrato indispensabile portarsi dietro. Sopra ci teneva seduta Giuliana. Marinella invece spingeva il passeggino con Nino che piangeva. Andavano verso sinistra, verso la città a dieci chilometri di distanza, senza sapere esattamente perché. Forse perché erano spaventate dalle cannonate provenienti da destra, senza realizzare che, proprio da quella parte, stavano avanzando gli alleati e quindi loro, indietreggiando, prolungavano l'attesa della liberazione. Mentre scappavano nella direzione sbagliata, si avvicinò il rombo di un aereo, forse era Pippo. Nonostante quel nomignolo ridicolo e bonario, cominciò a mitragliare. Si buttarono nel fosso al lato della strada, mollando la carriola.

Lì vicino c'era il viale che portava ad una villa molto signorile, chissà come mai non era stata occupata dai tedeschi. La nonna intanto respirava in modo strano ed era diventata cianotica. Era il suo primo attacco cardiaco, ma ancora non lo sapevano, pensarono che fosse la fatica della corsa per lei che non c'era abituata.

La mamma disse: – Per la strada siamo troppo scoperti. Io provo a chiedere aiuto –.

Camminarono curve fino al porticato della casa, trascinando la nonna che arrancava, la mamma con Giuliana in braccio, Marinella col fratellino che pesava più di lei. La nonna si accasciò per terra e la mamma, vedendola in quello stato, si preoccupò e bussò al portone della villa. Senza nemmeno aprire, una voce disse loro di andarsene.

La mamma rispose: – Stia tranquillo, ce ne andiamo appena suona la sirena. Non vogliamo certo disturbare –. Non riuscì a dire della nonna. Nella sua voce c'erano l'umiliazione e l'offesa del rifiuto. I proprietari erano gente molto in vista e molto ricca. La nonna, intanto, accasciata per terra, rantolava.


Era quasi buio quando arrivarono alla casa colonica. La mamma si era proposta di raggiungere nella notte la città dove aveva più conoscenze e forse qualche amico, ma era impossibile con la nonna in quelle condizioni. Quella famiglia di agricoltori, donne, anziani e alcuni bambini piccoli, la conoscevano appena, sapevano che la mamma era la maestra ma non molto di più. Eppure li accolsero calorosamente e li ospitarono, nonostante la mamma si schermisse, fino all'arrivo degli americani.

Una delle donne, la più autorevole, disse: – Il posto c'è, da mangiare anche, con tutti quei polli che ci mitragliano, potete stare finché le strade non sono sicure –.

Restarono quasi un mese, tanto ci volle perché le truppe alleate percorressero un paio di chilometri. Gli unici tre tedeschi, quei ragazzini in divisa che li avevano fatti allontanare da casa, si erano rifugiati in un rudere di casa colonica abbandonata, poco distante dal nuovo alloggio. Così i Piumalbi avrebbero rivissuto l'angoscia dei bombardamenti e delle cannonate e la permanenza in un rifugio scavato per terra, questa volta all'aperto dietro l'aia, nascosto sotto un fienile.

Però in quel mese si rifocillarono, dato che una delle donne della casa non resisteva al digiuno, soprattutto con tutto quel ben di Dio a disposizione. A suo rischio, correva nell'aia a raccattare polli mitragliati e, nei campi, pannocchie di granturco. Grazie a quel suo irresistibile appetito, recuperarono tutti qualche chilo e un po' di forza. La nonna recitava il rosario quando gli aerei mitragliavano, ma, negli intervalli, anche lei si distraeva, aiutando a cucinare, o partecipando con gli altri ai racconti intorno al camino.

Quel camino era il fulcro della casa, serviva a tutto. A nessuno venne in mente che quel fumo poteva essere visto dall'alto e venir preso di mira dagli aerei che sorvolavano la zona. Comunque, da un po' di giorni, non bombardavano, mitragliavano soltanto, forse perché avevano paura di colpire anche i loro soldati.

I sapori sono importanti per segnare i ricordi. Pannocchie di granturco e patate cotte sotto la cenere, polenta nel paiolo legato alla catena, polli allo spiedo e sguardi incantati dallo sfavillio delle "monachine" che salivano verso l'alto. E storie. Angoscianti racconti che insegnarono a Marinella la paura della morte e dei cimiteri. Forse quei racconti "dell'orrore" che spaventavano i bambini, servivano ad allontanare altre paure degli adulti. E anche questi venivano ripetuti più volte. Uno soprattutto.

– Ci racconti quello della festa da ballo? –.

Era una storia che alla bambina metteva i brividi.

Un ragazzo era stato invitato ad una festa sull'aia. Era forestiero e, poiché conosceva poche persone, se ne stava in disparte e si annoiava. Gli si avvicinò una bella ragazza che indossava un vestito bianco molto elegante, gli chiese: – Mi fai ballare? –.

Era stata molto intraprendente. Al ragazzo fece piacere dal momento che era troppo timido per prendere l'iniziativa.

Ballarono insieme fino a notte. La ragazza faceva domande e ascoltava attenta le parole del compagno, spesso annuiva e sorrideva. Di se stessa non parlò e lui non le fece domande, troppo intento a rimirarla estasiato. Se ne era innamorato a prima vista.

Infine la ragazza esclamò: – È molto tardi, dovrei essere già tornata –.

– Posso accompagnarti? – chiese lui. – Le strade non sono molto sicure, di notte, per una ragazza sola –.

Lei accettò. Per strada seguitarono a parlare, lui le prese una mano e sentì che era molto fredda. Si tolse la giacca e gliela mise sulle spalle. Lei sorrise. Intanto uscivano dal paese e lui si domandava dove mai abitasse e come avesse pensato di poter tornare da sola.

Senza rendersene conto arrivarono davanti al cancello del cimitero. Il ragazzo immaginò: "Ecco perché non voleva parlare di sé... È la figlia del custode del cimitero". Glielo chiese e lei di nuovo sorrise. Le lasciò la giacca per avere la scusa di tornare il giorno dopo.

A giorno inoltrato, infatti, si ripresentò e bussò alla porta della casa del custode. Quando questi aprì, il giovane si scusò e gli chiese di sua figlia.

– Ho dimenticato la mia giacca che le avevo prestata, sono venuto a riprenderla –.

Quello fece una faccia strana. Precisò: – Io non ho figli e non sono nemmeno sposato –.

Il ragazzo insistette, incredulo, raccontandogli della serata precedente. Il guardiano lo fece entrare in casa, gliela fece perfino visitare, poi, nel congedarlo, lo fece passare dalla parte del cimitero. E fu allora che, sopra una tomba videro la giacca. Pensarono che quella ragazza, per non essere ritrovata, avesse usato quello stratagemma e, nello stesso tempo, avesse voluto restituire l'indumento al suo accompagnatore. In realtà, chissà chi era e dove poi se n'era andata.

Però il ragazzo vide la foto sopra la lapide e gli mancarono le gambe. Era la foto di quella ragazza vestita di bianco, che aveva ballato con lui tutta la sera, o per lo meno, era identica. La ragazza della foto era morta a vent'anni di un improvviso malore, mentre si preparava per andare ad una festa.

Questa storia, raccontata dalla persona più anziana del gruppo, un arzillo vecchietto che chiamerò Beppe, per quanto ritenuta inverosimile, mise il seme di certi incubi futuri della bambina. Ve ne furono altre, raccontate intorno al camino, ma quella rimase per sempre nella sua memoria. I cimiteri non sarebbero più stati la meta serena delle sue passeggiate dopo la Messa.

C'è forse una forma di sadismo, o invidia della fanciullezza innocente, quando un anziano racconta certe storie in presenza di bambini.

Miranda, la donna che andava fuori a raccogliere provviste, probabilmente si allontanava più di quanto pensassero e raccoglieva informazioni.

– Gli americani sono arrivati in paese, bisognerebbe avere il coraggio di andargli incontro –.

Ma nessuno se la sentiva di lasciare il calduccio del camino, vitto e alloggio.

Le cannonate si avvicinarono, puntavano tutte sul rudere dove si nascondevano i tedeschi superstiti, rimasti a coprire la ritirata del loro esercito disfatto.

Una mattina, Miranda, rientrando dalla sua perlustrazione, ci informò: – Dei tre tedeschi, ne è rimasto vivo solo uno. Bisognerebbe farlo sapere agli americani per farli venire avanti più veloci –.

Le cannonate comunque si avvicinarono. La casa tremava e sussultava, fu stabilito che era il caso di andare nel rifugio. Vi passarono un giorno e la notte che seguì. Fu una notte insonne, di grande nervosismo e ilarità. Si ride sempre istericamente quando c'è paura.

Marinella stava rigida e sudava freddo, qualcuno nel buio aveva gridato:

– Un topo mi è passato sulla mano –.

Allora Beppe si mise a raccontare di quel suo amico al quale un topo aveva rosicchiato il naso. Spaventoso. Ad un certo punto, nessuno dormiva e nessuno fiatava, attenti al minimo fruscio. Fu di nuovo Beppe a rompere il silenzio.

– Mi prudono i piedi da morire, saranno le pulci –.

Poi ci fu il raspìo di uno che si gratta. Durò qualche minuto, poi ci fu la voce adirata della moglie.

– Vuoi farla finita di grattarmi i piedi! –. Parlava in dialetto romagnolo.

– Lo dicevo io che il prurito non mi passava – realizzò il marito.

Aveva sbagliato piedi, o lo aveva fatto solo per far ridere? Di sicuro ci riuscì, perché tutti risero fino alle lacrime. Poi la mamma decise: – Qui dentro manca l'aria, mi affaccio a vedere che cosa succede là fuori. Non si sente sparare da un bel po' –.

Rientrò sconvolta. – Uscite fuori tutti, il fienile ha preso fuoco, si fa la morte dei topi arrostiti –.

– Chi aveva incendiato il fienile, con un razzo o altro, aveva forse ritenuto che vi si nascondessero dei soldati tedeschi e, d'altra parte, bisogna anche capire –.

Ritornarono in casa a rischio che sparassero loro addosso, *alla gloria di Dio*, come usa dire.

Per catturare quell'unico tedesco rimasto vivo, ma certo non potevano sapere che fosse solo, ci misero altri due giorni di continue cannonate, anche se del rudere erano rimasti solo calcinacci.

Spinsero la porta con un calcio, imbracciavano il mitra. La testa era coperta da un elmetto con sopra una rete, o simile, che copriva loro anche il viso. Avevano delle divise integre, quasi pulite e non puzzavano. Parlavano in una lingua straniera senza le asprezze gutturali dell'altra, ma il tono era duro, di comando. Li spinsero da parte. A Marinella s'era fermato il cuore. Capiva che erano americani, ma erano troppo simili agli altri per identificarli in modo definitivo. A lei che non piangeva mai salirono in gola lacrime di sconforto. Ma quando sarebbe finita quella dannata guerra!

Un soldato rimase nella cucina con loro, a tenerli a bada. Gli altri perquisirono la casa da cima a fondo, accuratamente, per controllare che non vi si fosse nascosto alcun nemico. Ed era un comportamento logico e giusto, ma per chi da mesi vive in condizioni disperate, di pericolo continuo, arriva il momento che basta un'inezia in più, a far cadere nello sconforto. O forse, fino allora, erano stati sostenuti da una tensione che, nell'allentarsi all'improvviso, toglieva ogni accenno di ottimismo. Si guardavano fra loro, si vedevano nei loro miseri indumenti, le facce pallide e provate, ammutoliti.

Solo molto più tardi, la mamma, che conosceva un po' l'inglese, si sarebbe fatta intendere e i soldati americani sarebbero diventati meno rudi.

## Trentaseiesima istantanea

*Nella stanza dalle pareti bianche c'è silenzio. Le tre figure femminili, sono anch'esse ammutolite. Solo la bambina, che ha vissuto quei momenti, ha diritto di parola. Le altre hanno sensazioni tramandate dai ricordi, filtrate dal giudizio di poi. Ma la bambina, come allora, ha un blocco in gola che le impedisce di parlare.*

*Anche chi guarda verso l'interno della stanza ha la gola stretta.*

# TERZA PARTE

# LE AMICHE "DOMESTICHE"

Altro trasferimento, altra città della Romagna. La casa dove alloggiammo aveva un'ala diroccata. Fu una sistemazione di fortuna. In compenso, in otto mesi, cambiammo tre domestiche. Le prime due furono più ospiti che "donne di servizio", un po' come lo era stata in passato Giovanna. Erano capitate per combinazione e la nonna le aveva accolte sotto la sua ala protettiva.

**Armanda** era grassa e cordiale, trovava da ridere su tutto. Mi offrì un'interessante opportunità.

– Sei brava a scuola, sai scrivere senza errori? –.

– Suor Bartolomea dice che sono molto brava a fare i temi –.

– Sapresti scrivere una lettera, se te la dettassi? –.

Cominciavo a capire e mi sentii emozionata.

– E sapresti mantenere il segreto con tutti? –.

I grandi hanno davvero la mania dei segreti, pensai. Mentire sembra una condizione fondamentale per farsi apprezzare dagli adulti. Ero troppo elettrizzata dalla proposta per rifiutare di assecondarla. Fu il principio.

La prima lettera fu per i vecchi "padroni" in Svizzera: chiedeva notizie e li rassicurava. "Ho fatto tutto secondo le vostre raccomandazioni, ma ora ho finito i soldi. Mi sono dovuta cercare un altro servizio".

La seconda lettera, molto più intrigante, era per un innamorato. Mi entusiasmò. Era ricca di espressioni travolgenti.

Dopo alcune lettere molto simili, nel tono e nella sostanza, acquistai disinvoltura, mi appassionai, scoprii dentro di me un'irresistibile vena poetica. Mi permisi dei suggerimenti. La mia amica Armanda non rinunciò a mettere, sotto la firma, l'impronta orribile delle sue labbra tinte di rosso.

Quando, un mese dopo, se ne andò, mi dispiacque rinunciare a quel divertimento.

**Anna** era molto bella. Bionda, florida e con un melodioso accento veneto. Cercò rifugio in casa nostra, non so da chi fosse fuggita.

Da noi venivano spesso a cena colleghi e colleghe della mamma che allora lavorava presso l'UNRA, associazione benefica angloamericana. Erano di varie nazionalità e smozzicavano appena poche parole di italiano. Paul, uno scozzese, si innamorò di Anna al punto che avrebbe voluto sposarla.

Alle spalle di lui, la ragazza ci rideva.

– È ridicolo, quando indossa "quella gonnellina" a quadri, sembra una donna con le gambe pelose –.

Non la lusingò la spiegazione della mamma: – È un uomo molto importante e quello è il costume tradizionale scozzese che si indossa nelle occasioni speciali –.

Penso che Anna si fosse invece innamorata di Alan, un ragazzo canadese. Civettava con l'altro, ma sperava di attirare l'attenzione di Alan. Lui la ignorava. Preferiva conversare con la nonna, parlandole della sua ragazza che lo aspettava in Canada. O giocare con me, mostrandomi semplici giochi di prestigio. Io pensavo che, se non avessi già deciso di farmi suora, mi sarebbe piaciuto, all'età giusta, incontrare un ragazzo come Alan.

Quando Paul chiese ad Anna di sposarlo, indossando, in quella speciale occasione, il kilt, lei, sorprendendo tutti, scoppiò a piangere.

– Perdonami, perdonami... – singhiozzò – non avrei mai creduto che saresti arrivato a tanto –.

Dietro quel pianto disperato e imprevisto, sospettammo misteriosi retroscena. Anna se ne andò pochi giorni dopo, senza dirci dove.

**Marisa** fu quella che restò più a lungo. Non era bella. Anzi posso dire che era brutta. Aveva la pelle butterata, gli occhi piccoli e una leggera peluria sul viso. Però era simpatica e aveva un ottimo carattere. Cantava spesso e rideva di niente. Con lei ricominciai a scrivere lettere d'amore. E non fu impresa da poco, perché, di innamorati, ne aveva più d'uno contemporaneamente.

Un innamorato lo vedeva quando veniva a prendermi all'uscita della scuola. Mi lasciava aspettare più di un'ora. Un altro lo incontrava dopo cena ed era il suo preferito. Per gli appuntamenti con Giovanni, la domenica pomeriggio, mi portava con sé. Ne ricordo il nome perché si chiamava come mio fratello. Era il più sincero, il più onesto. E Marisa gli dava di sé la versione particolare della brava ragazza che non può uscire da sola. Per quegli incontri, mi chiedeva di chiamarla "zia", ma non avevo capito che si spacciasse per la sorella di mia madre.

Il più delle volte mi chiedeva di aspettarla seduta su di una panchina dei giardini pubblici. Dopo la prima volta, mi portai un libro da leggere. Dopo, Marisa mi pregava: – Mi raccomando, non dirlo alla nonna, altrimenti mi licenzia –.

Sempre meglio che aspettarla fuori del cancello delle suore, dalle quattro alle cinque del pomeriggio. Diventavo una belva, la insultavo perfino, lei ci rideva.

Mi rammentava: – Guarda che hai promesso di non parlare. Se parli con la nonna, sei una spia –.

Reagii male: – Non ho promesso per tutti i tuoi fidanzati, soltanto per Giovanni –.

Meditai di vendicarmi, anche se la vendetta si conciliava male con l'atmosfera mistica che vivevo in quel periodo e i miei propositi di santità.

Uscii da scuola puntualmente alle quattro. Mi guardai intorno. Di Marisa, come al solito, nemmeno l'ombra. Tornai a casa da sola e di passo spedito.

La nonna fu sorpresa: – Come mai sola e così presto? –.

– Marisa non c'era: non ho avuto voglia di aspettarla –.

– Però sei uscita in anticipo. Non hai fatto una bella azione, chissà come si sarà preoccupata –.

Che cosa inventava Marisa alla nonna? Rincasò anche la

mamma e appresa la mia "bravata", con mia grande coster-
nazione, si preoccupò per Marisa.

– Se non ti ha trovato all'uscita della scuola, si sarà spaventata, poveretta –.

Decise perfino di andarle incontro e mi puntualizzò che, se
conoscevo così bene la strada, d'ora in avanti sarei tornata a
casa da sola.

Esultai. Senza tradirla, avevo punito Marisa. Non si sarebbe più servita di me per vedere il suo innamorato delle quattro.


Era domenica. Marisa mi informò: – Oggi non vedo Giovanni. Però possiamo fare lo stesso una passeggiata, io e te –.

La guardai diffidente. Lei, come al solito, per rassicurarmi,
rise.

– A te piace Giovanni, vero? Sei perfino tornata a casa da
scuola senza aspettarmi, per non farmi più vedere quell'altro. Vai, che l'ho capito! –.

– Giovanni mi sembra un uomo buono –.

– Sì, è vero, è un brav'uomo. Ma quello che vedo la sera,
dopo cena, è più bello –.


La prima sorpresa fu un edificio tetro, nonostante l'intona-
catura bianca calce. Alla porta, una suora e, dentro, altre, ma
avvertii che erano diverse dalle "mie". Dentro c'erano bambini che indossavano grembiuli. A quadretti bianchi e blu,
i maschi, bianchi e rosa le femmine. Quasi tutti avevano il
naso che gocciolava moccio e si avvertiva uno stomachevole
puzzo di pipì.

Marisa parlò piano con una suora. Questa si allontanò per
ritornare con una bambina che poteva avere circa la mia età.
– La portiamo fuori con noi, non ti dispiace, vero? –. Scossi
la testa, senza parole. Marisa mi spiegò che Giuseppina era
sua sorella. La bambina ci camminava accanto e sembrava
fosse sorda.

– Una sorella così piccola? – mi meravigliai. Mi venne in

mente mia madre quando, per gioco, pretendeva di chiamarmi "mammina". E qualche volta, negli anni successivi, sarebbe capitato ancora.

Scoppiò a ridere e mi abbracciò. – Se mi prometti di non dirlo alla nonna, ti confido un segreto –.

Era diventata una consuetudine. Promisi. Mi confidò che Giuseppina era sua figlia e che il padre era morto prima che lei nascesse.

– E perché non vuoi dirlo alla nonna? –.

– Sai come la pensa tua nonna. Per lei i bambini devono stare con la mamma. E la mia non può stare con me –. Io pensai a tutto il tempo che lei dedicava ai suoi innamorati.

– E cos'è quel posto dove sta Giuseppina? –.

– Un orfanotrofio... –.

Ero abbastanza sconvolta. Mi intestardii. – Giuseppina non è del tutto orfana, perché la tieni là dentro? –.

Questa volta Marisa non rise, anzi s'innervosì e non mi rispose.

Io riflettevo su tutte le domeniche pomeriggio che Giuseppina trascorreva chiusa nell'orfanotrofio, mentre lei passeggiava per i giardini pubblici.

– Se lo dici alla nonna, ti aiuta. Lei aiuta sempre tutti –.

– Lo so che è buona. Ma è anche tanto religiosa, tanto severa... –.

Giuseppina ci camminava accanto e sembrava che quei discorsi non la riguardassero. Era intenta a fare provvista di aria pura. Raggiungemmo un prato. E, per la prima volta, sentii la sua voce:

– Posso correre? –.

Avuto il consenso, si slanciò in una corsa scatenata, a balzi e salti, come un animale messo in libertà.

– Glielo dico io alla nonna, se non glielo dici tu –.

Capì che questa volta ero determinata e non l'avrei coperta.

– Sei una bambina e io invece ti tratto come una donna –.

Però seguitò a confidarsi. Non era sposata e non sapeva nemmeno chi fosse il padre della bambina.

Il concetto non mi fu molto chiaro, non sapevo niente di sesso né di morale. Anche il concetto di peccato da fuggire a tutti i costi, data l'educazione delle suore, non mi era ancora molto chiaro. In quel momento, sentivo solo che stavo dalla parte di Giuseppina.

– Non dire alla nonna che non sei sposata, se pensi che a lei dispiaccia. Potevi seguitare anche con me a dire la bugia di prima, invece sei stata sincera –.

Mi abbracciò di nuovo, rideva e piangeva insieme.

Giuseppina ci stava osservando da lontano, chissà che cosa pensava della sua mamma che abbracciava un'altra bambina.

– Tu, a Giuseppina, non le vuoi bene –.

– Perché mi dici così? –.– Invece di portare fuori lei, la domenica, vai in giro con Giovanni e con me –.

Mentre lo dicevo, mi pentii. Capivo di essere andata troppo oltre. E infatti Marisa era impietrita. Ebbe uno sguardo che mi fece paura.

– Tu non sei una bambina, sei una vecchia! –. gridò.

Ero abituata a sentirmelo dire, perfino da mia madre e mi sentivo vecchia di migliaia d'anni.

Non mi parlò per giorni e fu d'umore nero con tutti. Inevitabilmente anche la mamma e la nonna se ne accorsero. Le fecero capire che, qualunque fosse stato il problema, sarebbero state comprensive.

La nonna si trattenne a lungo nella camera di Marisa, mentre io aspettavo preoccupata.

Più tardi, la donna mi sussurrò all'orecchio: – Alla tua nonna, ho detto tutto, però è meglio non dirle che tu già lo sapevi. Domani vado a prendere Giuseppina e gliela faccio conoscere; avevi ragione tu, la tua nonna è un angelo –.

Da quel giorno, Giuseppina passò con noi il sabato e la domenica.

Marisa seguitava ad uscire la sera, dopo cena. A quell'innamorato, il più bello, non voleva rinunciare. Invece non vedeva più quello delle sedici nei giorni feriali, né Giovanni la domenica pomeriggio. Egli passava e ripassava sconsolato sotto le nostre finestre. A volte, lei si affacciava e faceva dei segnali che significavano più o meno: "non posso uscire, non mi lasciano uscire...".

Una sera, dopo cena, Giovanni trovò il coraggio di suonare alla nostra porta. Molto impacciato e rosso in faccia, si scusò per l'iniziativa, ma si capiva che era ben deciso a portare avanti la sua questione.

– Sono qui per parlarle di sua figlia – esordì.

La nonna si meravigliò e anch'io.

– Mia figlia? La mamma di Marinella?... – domandò, cogliendo lo sguardo complice di Giovanni verso di me.

– No, Marisa, la zia di Marinella –.

La nonna era ammutolita. Io pensavo a quante lettere gli avevo scritto, sotto la dettatura di Marisa, qualche volta con improvvisazioni mie, o suggerimenti. Mai avevo sospettato quell'imbroglio. Purtroppo, Giovanni parlò anche delle "bellissime "lettere che aveva ricevuto.

Marisa rincasò verso le ventitré. A quell'ora, ero solita dormire profondamente, ma nessuno si meravigliò che restassi ancora alzata, dopotutto non potevo lasciare la nonna sola con quell'uomo!

Aprì con le sue chiavi. Vide la luce in cucina e certo si meravigliò. Le corsi incontro per metterla in guardia, ma non ebbi il tempo di parlare. Entrò, senza considerarmi. Il suo viso che era chiazzato di rosso, si fece livido. Il suo primo pensiero non fu per Giovanni, fu per la nonna. Si precipitò verso di lei, ignorando l'uomo. Cadde letteralmente in ginocchio e confessò "quasi "tutto. Ma io ero lì, implacabile e la sollecitavo.

C'era dell'altro: i figli erano due. Giuseppina e George di tre anni, affidato alle suore, in un'altra città.

Giovanni se ne andò che sembrava uno straccio. S'era fatto così tardi che, nonostante le emozioni, mi cadevano le palpebre sugli occhi. La mamma, che aveva preferito restare estranea ai fatti, era già andata a dormire con i miei fratelli. Raggiungendoli, mi sentivo come un guerriero che, dopo la battaglia, si prende il meritato riposo.

– È vero che hai due figli? –.
– È vero –.
Ormai l'avevo esasperata al punto che non sapeva più fingere, né metterla in scherzo.

Io, inesorabile. – È in un orfanotrofio anche il bambino? E quando lo vedi? –.

– Dove semmai, nel palazzo reale? Oh, insomma! Quando la finirai di farmi l'interrogatorio, chi ti credi d'essere, mocciosa? –.

La nostra amicizia s'era irrimediabilmente incrinata. Ero diventata il suo giudice, la sua coscienza, non mi tollerava più.

Però quando Marisa seppe che, dalla Romagna ci saremmo trasferite in Sicilia, si disperò e pianse, povera donna. Con noi s'era inventata una famiglia e la perdeva.

## Trentasettesima istantanea

– Che senso ha – dice Maria – raccontare la storia delle domestiche...–.

– Ebbero un certo peso nell'educazione della bambina. Le ispirarono fantasticherie romantiche, le insegnarono il senso degli intrighi, imparò anche a mentire o, per lo meno, a credere che si potesse farlo a fin di bene – risponde Marina.

– Quando mi chiedevano che cosa avrei voluto fare da grande, rispondevo sempre "la scrittrice". Scrivere le lettere per Marisa, o prima ancora per Armanda, mi affascinò. Era come inventarsi una storia, o far parte di una storia –.

– Ma pensavi anche di farti suora...– commenta Marina.

– Più che suora, pensavo di farmi "santa", ma quella era un'aspirazione molto segreta. Diventare scrittrice mi sembrava molto più pratico e semplice –.

– Avrei voluto realizzare il tuo sogno, è stato anche il mio sogno. C'è stato un momento che ho pensato di essere riuscita a realizzarlo. Poi...–.

Si può notare come Marina abbia una contrazione dolorosa sul viso. Ci sono decisioni nella vita, frutto di scelte che, col tempo diventano rimpianti. Basta guardare l'espressione del suo volto, per intuire.

– Ora c'è Maria – commenta la bambina.

– Pensi che per me sia semplice? Ho alle spalle tante di quelle rinunce... Perché adesso dovrei cadere nel tranello delle illusioni? Ho soltanto promesso di raccontare.

# IL CUORE SENZA FIAMME

Ci eravamo trasferiti perché la mamma voleva mantenere il suo impiego presso l'U.N.R.RA. Credo fosse un Ente Assistenziale delle forze alleate per i residenti, o qualcosa di simile. Trovammo alloggio in uno stabile sinistrato per le bombe. Non so se si pagava un affitto, o a chi lo si pagava. Le nostre stanze erano separate dalla parte mezza diroccata da una normalissima porta chiusa a chiave che chiunque avrebbe potuto buttar giù a spallate. Quel lato della casa era proibito a noi bambini. Vi andavano solo le donne a stendere i panni, perché c'era una stanza senza tetto dove sole e vento (e anche pioggia) entravano a volontà. Io ci andavo di nascosto, perché avevo scoperto dove i grandi tenevano la chiave. Purtroppo la stessa idea era venuta ad altri due bambini, fratello e sorella, di una famiglia credo coabitante, in stanze diverse, lo stesso appartamento.

Dico "purtroppo", perché erano maligni e dispettosi e spesso si divertivano a scandalizzarmi con discorsi sconvenienti. In una di quelle stanze proibite, c'erano ammucchiate le suppellettili più impensate: un armadio, varie casse, molti libri, attrezzi per giardinaggio, una cucina economica, materassi arrotolati, gabbie per uccelli. Non so come a nessuno fosse venuto in mente di arrampicarsi dalla parte diroccata per rubare. Forse non c'era niente di valore, o, dalla strada, non si poteva supporre che ci fosse. Io passavo ore a frugare fra quegli oggetti, sperando di trovare chissà quale tesoro, o qualche inedita curiosità. Ero attratta principalmente da un quadro, appeso ad una parete vicino ad una crepa abbastanza evidente. Non mi rendevo conto del pericolo. Mi sedevo sopra una cassa di fronte alla parete e rimiravo il quadro a lungo. Era quasi rivivere l'atmosfera della stanza della zia Maria, alcuni anni prima.

Il quadro riproduceva l'immagine del Sacro Cuore. Sostavo lì davanti, in muta contemplazione. Mi trasmetteva una grande serenità. A volte, osavo rivolgergli la parola, come ad un amico. Non ero un'eccezione. So che altri bambini lo fanno e non soltanto bambini. Altre volte, gli ripetevo le monotone giaculatorie che mi aveva insegnato suor Bartolomea, ma mi facevano sbadigliare.

Prima di rifugiarmi nella stanza proibita, controllavo che nessuno fosse nelle vicinanze, ma una volta, nonostante le mie precauzioni, mi sorpresero i due bambini dispettosi.

– Che cosa fai, parli da sola? – mi motteggiarono.

– Sto pregando – risposi coraggiosamente, decisa a difendere le mie convinzioni.

– E perché preghi di giorno? –.

– Si può pregare quando ci pare, la mia nonna prega a tutte le ore –.

– Vuoi farti santa? – insinuò la bambina. Fu in quel momento che considerai l'idea. Però percepii che il solo pensarlo equivalesse ad un peccato di superbia.

Precisai: – Da grande mi farò suora –.

– Una zia del mio nonno era suora e, dopo morta, è diventata santa –.

– Per diventare santi bisogna avere e fare qualcosa di speciale. I santi fanno miracoli – commentai dubbiosa.

– La zia aveva le visioni. Vedeva la Madonna e tutti i santi e parlava con loro –.

Sospettavo che volessero prendermi in giro, raccontandomi fandonie, ma nello stesso tempo ero tentata di credere o, per lo meno, incuriosita. Per dimostrare la mia competenza sull'argomento, li informai: – Conosco molte storie di santi –.

Per mettermi alla prova, mi chiesero di raccontargliene alcune. Sembrarono, dopo, impermaliti della mia straordinaria preparazione. Mi sfidarono: – Nella tua famiglia però non ci sono santi. –.

Invece io, nel mio cuore, pensavo che la mia nonna fosse sulla buona strada.

Erano stati così insistenti, i due bambini, che, riluttante, li avevo seguiti in casa loro.

– Ce l'hai tu un altarino? – mi provocarono.

Mi sembrò una bestemmia. L'altare lo avevo visto soltanto nelle Chiese, o nella Cappella del convento! Essi mi mostrarono un altare di loro creazione. Per lo scopo, avevano utilizzato un comodino, un centrino di pizzo, uno scendiletto, un calice fatto con la carta stagnola. Alla parete, dietro il comodino, c'erano tanti "santini" incollati in ordine sparso, senza alcuna simmetria.

– Noi, tutte le sere, prima di andare a letto, preghiamo inginocchiati davanti al nostro altarino. Diventeremo santi prima di te –.

Avvertivo una sorta di disagio, come la consapevolezza di un gioco irriverente, quasi blasfemo, eppure c'era dentro di me il rammarico di non aver avuto io, per prima, l'idea di un altare personale.

– Preferisco pregare davanti al quadro del Sacro Cuore, o nella Cappella del convento del Sacro Cuore. Anche la mia nonna è devota al Sacro Cuore –. E, nominando la mia nonna, prevenivo qualsiasi obiezione.

Una notte sognai il quadro, così come lo vedevo di giorno. Pregavo, parlando come si fa con un amico. Lui sapeva tutto di me, potevo parlare di tutto. La figura dipinta mi rispose, fu un'emozione intensa.

Perfino si animò, le braccia si tesero in un invito. La voce dell'Uomo del quadro era dolcissima e m'invitava.

– Vieni qui, nel mio Cuore –.

Mi slanciai verso di Lui travolta da una gioia esaltante, ma già timorosa che il sogno sarebbe svanito prima di concludersi. Invece il sogno seguitò. Mi trovai fra le braccia del mio Amico. Mi cullò così teneramente che mi sentii struggere dalla commozione. Un sogno così bello difficilmente si ricorda al risveglio, ma invece, in me, si mantenne nitido e preciso. Ero felice e paga come mai m'era accaduto di sentirmi, ma l'impulso fu di esternare la mia gioia. Raccontai il sogno alla nonna che si turbò.

– Non pensarci, è un sogno. A volte si fanno brutti, a volte belli; poi ti svegli e il sogno non esiste più –.

Mi passò la mano fra i capelli in un gesto ansioso. Il guaio fu che, poco dopo, mi ritrovai con i due bambini impertinenti.

Raccontai loro il mio sogno e lo feci più che altro per sbalordirli. Anche perché la nonna vi aveva dato così poca importanza. Il mio sogno valeva più di un altarino personale!

Presi alla sprovvista, si morsero le labbra, però seppero reagire con prontezza. Mi apostrofarono con tono inquisitore.

– Il cuore, ce le aveva le fiamme? –.

– Non so – balbettai, perché ad essere sincera non avevo controllato quel particolare.

– Forse non le aveva, altrimenti mi sarei scottata –.

– Se non aveva le fiamme, non era un vero "Cuore di Gesù". Il tuo sogno non vale –.

## Trentottesima istantanea

*Nella stanza dalle pareti disadorne e il pavimento in cotto, le tre figure femminili si osservano. Ciascuna ha i propri pensieri, ma comunicanti con quelli delle altre due. Ormai non avrebbero più bisogno di parlare, se non fosse per l'abitudine a tradurre i pensieri in parole.*

*Stanno riflettendo della strana mescolanza di influenze sulla bambina. Dalla nonna e dalle suore il sentimento religioso, l'aspirazione alla santità che, per il fatto stesso di essere un traguardo preposto, perdeva di valore e di efficacia. Il romanticismo dei più scadenti, dalle domestiche e probabilmente anche dalla madre. La rassegnazione passiva che, il più delle volte, la induceva a subire. A volte la ribellione e la sete di rivincita che la incitavano a lottare per difendere la genuinità del proprio essere. Sentimenti contrastanti. Forse perfino personalità diverse che si adattavano alle circostanze. Come costante, la tristezza e il senso di inadeguatezza.*

– Quel sogno è stato il mio conforto in tanti momenti di disperazione. Molte volte, prima di addormentarmi, quando il desiderio di non svegliarmi era più intenso, ritrovavo la serenità, sperando di incontrare, dormendo, l'Amico del sogno a consolarmi –.

*È inconsueto che la bambina intervenga con le proprie parole. Maria, dal canto suo, esterna una confessione che sorprende le altre due.*

– Sapessi quante volte sono stata consolata dal ricordo di quel sogno. Non credo fosse un sogno qualsiasi –.

– Non dirmi che sei già arrivata al momento in cui si ritorna bambini...– commenta sarcastica Marina.

– Non per come intendi tu. Ci sono verità nascoste nel profondo dell'inconscio, inibite dallo scetticismo. Le consideriamo debolezze e ci vergogniamo a rivelarle –.

– *Nessuno può impedirti di rivelare le tue verità. Posso solo consigliarti di farlo in privato, se non vuoi essere fraintesa –*.

– *Dovrò sempre nascondere i miei sentimenti? – chiede ansiosa la bambina.*

– *Sì, se vorrai sopravvivere – risponde dura Marina.*

# UN SOFFIO

Da scuola, dopo l'episodio di Marisa, tornavo sola. Ma non era più motivo di orgoglio, come le prime volte. Il tragitto non aveva imprevisti, era monotono. Unica variante, la vetrina di un negozio di giocattoli. Per vederla allungavo il percorso, tanto chi poteva sapere di quel diversivo? Per il resto della strada, andavo quasi di corsa. Tolta la bambola Vittorio, non avevo mai posseduto giocattoli, né per la verità ne avevo sentito molto la mancanza. Ai compleanni, quando se ne ricordavano e mi chiedevano quale regalo preferissi, sceglievo un libro al posto di un giocattolo. Ma, in quella vetrina, come una calamita, un bambolotto nero attirava la mia attenzione. Ne ero letteralmente sedotta, avrei dato chissà che cosa per averlo. Stavo davanti a quella vetrina dieci minuti buoni. C'è da domandarsi perché fossi affascinata dal colore nero. Ci sono ragioni inconsapevoli che non riusciamo a spiegarci.

Uscita da scuola, corsi fino alla vetrina. Il bambolotto nero non c'era più, lo avevano venduto. Ero impietrita, forse avevo pensato che, così nero, nessuno lo avrebbe comprato, ma c'erano tanti militari di colore in giro per la città... Io non ero riuscita a confidare alla mamma quanto mi sarebbe piaciuto averlo. Come sempre, mi imposi di non piangere. Per me era una legge, da quella volta che avevo pianto a lungo per un rifiuto della mamma. Il ricordo del mal di testa che ne era seguito mi terrorizzava ancora. Soprattutto mi aveva convinto che non valesse la pena di piangere. Ed anche in quell'occasione, se avessi pianto, a che cosa sarebbe servito?

Ripresi la strada di casa con la testa in fiamme e la vista annebbiata. Raggiunsi uno spiazzo fra alcune case diroccate. C'era da una parte una grossa cisterna che osservavo sempre con sospetto. Marisa era solita dirmi che dentro ci stava il diavolo. Ma in quel momento avevo altro da pensare. Mi colse di sorpresa la voce di un mio compagno di scuola.

– Ehi! Sei capace di salire fin quassù? –.

Se ne stava in cima, cavalcioni sul bordo della cisterna. Scossi la testa e mi fermai a guardarlo. Mi bloccò anche il ricordo di pochi anni prima, dei due bambini che avevano voluto giocare al dottore.

– Vedessi quanta roba c'è qua dentro! –.

Tanto per compiacerlo, chiesi: – Che cosa c'è? –

– Pezzi di ferro, scatole, cassette di legno, bottiglie, scarpe... Un po' di tutto. Ho preso questa scatola, guarda com'è bellina, ci posso mettere le matite colorate –.

– E come hai fatto a prenderla? –.

– È stato facile, la cisterna è piena fino all'orlo –.

– E per salire come hai fatto? –.

– C'è una scaletta di ferro da una parte, insomma una specie di scaletta, vedi? Mi sono arrampicato, ora scendo –.

Lo osservai scendere, agile come uno scoiattolo. Aveva in mano un oggetto metallico.

Azzardai preoccupata: – Potrebbe essere una bomba. La mia mamma dice di non raccogliere nessun oggetto, anche se sembra normale –.

– Scommettiamo che non è una bomba? Dammi un sasso, voglio provare ad aprirla –.

– Non posso fermarmi, devo andare a casa, sono già in ritardo. Sennò stanno in pensiero – .

M'ero ricordata dell'impegno preciso preso con mia madre. Anche la nonna si raccomandava sempre che non ritardassi, se volevo seguitare a tornare da sola. Salutai il compagno e mi affrettai. Girando l'angolo, sarei entrata nella strada dove abitavo. Feci appena in tempo a girare quell'angolo. Un boato enorme mi lacerò i timpani e credo anche il cuore. Mi sentii sbatacchiare come se fossi stata di cartone, finii contro un muro e lì mi rannicchiai tappandomi le orecchie.

"Oh, Dio..." pensai atterrita.

Ero ancora inebetita e stordita, quando mi raggiunse mia madre.

Era scappata fuori così come stava: pantofole e vestaglia. Quando parlò, le tremava la voce.

– Che cosa è stato, stai bene? Come sei pallida... –.

– Là, mamma, un mio compagno, forse...–. Non avevo nemmeno il coraggio di pensare ma, resa forte dalla sua presenza, osai tornare indietro di qualche passo. La mamma, più spaventata di me, tentava di trattenermi, ma non ci riuscì. Era come se una volontà al di fuori di noi due mi attirasse oltre l'angolo.

Non dimenticherò mai.

L'odore del sangue. Le braccia aperte in croce. Il colore terreo del viso assurdamente intatto, nel corpo dilaniato. I brandelli di carne attaccati alla parete esterna della cisterna. Ci fosse stato il diavolo, dentro la cisterna, sarebbe stato forse più pietoso.

Poi ci fu l'urlo di suo padre. Al fragore dell'esplosione, aveva fatto come mia madre, s'era precipitato incontro al figlio. Mi si piegarono le gambe. La mamma mi trascinò via, ma non coordinavo i movimenti, incespicavo. Tremavo e battevo i denti.

– Glielo avevo detto che poteva essere una bomba! – seguitai a ripetere disperatamente per ore. Nessuno mi ascoltava, intenti a raccontarsi fra loro della disgrazia di quel povero bambino e del mio pericolo scampato per un soffio. La mamma piangeva e diceva a tutti che solo per un soffio m'ero salvata.

Io avrei voluto, quel soffio averlo speso per salvare anche lui, il mio compagno.

## Trentanovesima istantanea

Nella stanza dalle pareti bianche, stanno sedute sul tappeto, sopra cuscini, in silenzio. È difficile parlare, non ci sono parole di commento. La bambina è come raggomitolata su se stessa, schiacciata dal dolore. Seduta sui talloni, il busto piegato in avanti e la fronte che tocca le ginocchia, tiene le braccia distese a terra come nell'abbandono di una preghiera.

Le due donne riconoscono, nel profondo, quel dolore parte di loro. È giusto non dimenticare.

Lo spettatore muto, in piedi sulla soglia della stanza, osserva e rispetta quel dolore. Tragica quotidianità di una sofferenza sullo sfondo di una guerra appena conclusa.

# SUOR BARTOLOMEA

Dopo un mese di seconda elementare in una scuola pubblica, mia madre mi trasferì in una scuola privata gestita da suore. Erano ancora una volta le suore del "Sacro Cuore". A me sembrava un segno divino, una predestinazione, come se trame misteriose mi conducessero fatalmente in una direzione. Mi accettarono nella terza classe su richiesta della mamma. Ero riuscita a convincerla, dicendole:

– In seconda, mi annoio. La maestra ripete sempre le cose fatte da suor Angela –.

Di vero c'era il fatto che, nell'estate, avevo svolto in parte il programma di seconda, logico che da principio mi annoiassi. Da questo, a pensare di inserirmi in una terza elementare ad anno già avviato, ci correva. Però alle mamme piace credere di avere figli eccezionali. Avevo sei anni e mezzo e di quella terza ricordo una grande sofferenza, un'ansia continua, una tensione estrema nel tentativo di nascondere la mia incapacità. Non volevo deludere la mamma o confessare di aver sbagliato a insistere per convincerla. Purtroppo convinsi anche me stessa di essere negata per la matematica. Mi si chiuse la mente alle unità di misura, alle frazioni e altre simili macchinose mostruosità. Facendomi coraggio, riuscii a confessarmi con mia madre. Lei mi consolò:

– Non preoccuparti. Anch'io ho difficoltà con la matematica, conosco a malapena le poche cose che insegno. Sono sempre stata negata. Succede in genere a chi è bravo in italiano. Io, come vedi, sono andata avanti lo stesso –.

Accettai quella spiegazione. Riuscii perfino a convincermi che, per mantenermi brava nelle materie letterarie, fosse meglio valere poco in quelle scientifiche. Concetto falso che mi accompagnò fino all'età adulta. Il guaio è che Suor Bartolomea, la mia insegnante, ragionò come la mamma e si estasiò per i miei fantasiosi temi e per la mia capacità di esposizione.

Soprattutto apprezzava, parole sue, la mia sensibilità nel commentare le parabole del Vangelo e raccontare la vita dei santi, uniche letture di quel periodo.

Se alle suore non sono leciti gli affetti terreni, o per lo meno dovrebbero saper distaccarsene, suor Bartolomea peccò molto, perché mi volle bene, prediligendomi fra gli altri scolari. Ero timida e riservata e preferivo intrattenermi con gli adulti, e quindi con lei. La intenerivano il pallore del mio viso, la mia malinconia e il mio atteggiamento riflessivo.

Ricambiai il suo affetto. Anch'io cercavo una figura in cui identificarmi e la idealizzai al punto (come già era avvenuto con suor Angela) da ritenere che fosse l'unico esempio da seguire.

Le chiedevo molte spiegazioni sulla vita del convento, sull'età per entrare in noviziato e quella per prendere i voti. Lei mi rispondeva incoraggiante, per sollecitare una mia scelta convinta. Mi raccontava i miracoli che avevano concesso ai veri santi il diritto del proprio nome sul calendario. Mi convinsi di essere stata toccata dalla grazia, forse è irriverente scherzarci sopra come sto facendo. Decisi che la mia strada fosse quella del convento.

I miei compagni di classe, dopo pranzo, andavano a giocare in giardino, io preferivo seguire suor Bartolomea nella Cappella. Mi piaceva restarmene in silenzio, mentre lei pregava. O ripetevo le preghiere che mi suggeriva. O ascoltavo una storia nuova che mi sussurrava. Mi piaceva molto l'episodio di quella bambina che avrebbe voluto comunicarsi prima dell'età prevista. Non le fu concesso. Ma l'ostia sacra, durante l'elevazione, sfuggì di mano al sacerdote per andare fino alle labbra della piccola che stava in disparte a pregare. Non ricordo a quale santa si riferisse quell'episodio miracoloso, né so bene se fosse leggenda o realtà, ma la suora lo raccontava come realmente accaduto.

In classe, la mia insegnante mi tirava in disparte per suggerirmi la soluzione dei problemi e delle equivalenze fra unità di misura. Era talmente candida che non sospettava di imbrogliare gli altri scolari e danneggiare anche me e quindi di commettere un peccato.

Allora, alla fine della terza elementare, era d'obbligo un esame. Ero terrorizzata, consapevole della mia assoluta incapacità a superarlo. Suor Bartolomea mi passò furtivamente la soluzione del problema e mi suggerì, al momento, alcune risposte a domande prestabilite. Fui promossa.

La mia insegnante fu così contenta che il viso le si colorì in modo inusuale. Si accomiatò da me e dalla mamma con un "arrivederci al prossimo anno", esultante.

Dalla stanza accanto ascoltavo la mamma discutere con la nonna: – Gli uffici dell'U.N.R.R.A si trasferiscono, se rimango qua non ho più un lavoro –.

– Proprio adesso che si stava abbastanza tranquilli... –.

– Ma... ancora non sai che ci trasferiremo in Sicilia. Sarai contenta di rivedere tuo figlio, no? –.

– Andiamo in Sicilia..? –. Alla nonna tremava la voce e balbettava.

Non so se l'emozione di tornare nella sua terra d'origine fosse di gioia, o di preoccupazione per dover affrontare, col suo cuore malato, un viaggio così lungo.

– Scriverò a Michele perché venga a prenderci, non saprei come cavarmela da sola –.

Come avrebbe fatto zio Michele ad attraversare tutta l'Italia dalla Sicilia alla Romagna, con quali mezzi e poi ritornare giù con noi?

Un pensiero fulminante, suor Bartolomea! Bisognava informarla subito. Alla mamma non sembrava poi così importante, tanto chi l'avrebbe più rivista.

– Se avremo tempo, andremo a salutarla –.

Per me fu impossibile tenermi dentro quella notizia. Aspettai che le due donne fossero distratte, tanto ero solita appartarmi per ore senza che nessuno se ne accorgesse. Sgattaiolai fuori di casa. Non si può dire che fossi una bambina obbediente e prudente, ma lo ero mai stata, una bambina?

La suora portinaia mi osservò curiosamente. Vederci entrare tutti insieme durante l'anno scolastico era un conto, così, da sola, abbastanza insolito. Le chiesi di suor Bartolomea.

– Devo dirle una cosa importante – spiegai, con quel tono deciso e adulto che sbalordiva i miei interlocutori.

La vidi arrivare, trafelata e ansiosa. Per la prima volta mi sembrò fragile, minuta e indifesa.

– Ho saputo oggi che parto, sono venuta a salutarla –.

– Vai in vacanza? –.

– No, parto per sempre –.

Mi si incrinò la voce, perché solo in quel momento realizzavo il mio drammatico "per sempre". Non avevo previsto di sorprenderla così dolorosamente. Sbiancò e si portò una mano all'altezza del cuore. Forse anche lei era malata come la nonna? Dal pallore passò al rossore, mentre ripeteva: – Come, per sempre..? –.

Le spiegai e lei dovette sedersi. L'abbracciai, che odore strano hanno le suore, un misto di fiori di lavanda, incenso e cera di candele.

– Mi dispiace andare via, speravo di fare la quarta e la quinta qui con lei... Non potrebbe chiedere alla mamma di farmi restare qui in convento per finire almeno la scuola elementare? –.

– Non credo che la tua mamma ti lascerebbe e poi è giusto che tu vada con lei, io sono soltanto la tua maestra. Spero che non mi dimenticherai –.

Capivo di averla ferita e questo aumentava il mio dispiacere.

– Io... vorrei restare – balbettai, vinta dalla commozione.

– Un giorno tornerai, forse –. Improvvisamente si scosse, desiderò farmi un regalo, ma non poteva prendere quell'iniziativa senza il permesso della madre superiora. D'altra parte, non poteva farle capire che si era affezionata così tanto ad una scolara perché, in tal caso, avrebbe, di sicuro, ricevuto un rifiuto. Alcune volte mi aveva spiegato della regola dura del convento sui legami affettivi, sul distacco dovuto. A me sembrava un vero sopruso.

La madre superiora mi osservava con un'aria inquisitrice, dopo aver parlato da sola con la "mia" suora.

– Suor Bartolomea mi dice, Piumalbi, che sei una bambina molto buona e sensibile e che a volte le hai espresso il desiderio di farti suora –.

– È vero, mi farò suora, resterei fin da ora, se potessi –.

Fui così convincente e, d'altra parte, in quel momento anche sincera, che acconsentì e rivolta a suor Bartolomea: – Quale regalo avrebbe in mente, suor Bartolomea? –.

– Un piccolo ricordo, un libro. Penserei a... "L'imitazione di Cristo" –.

– Non le sembra troppo impegnativo per una bambina di sette anni? –.

– Non per la Piumalbi, madre. Legge moltissimo. Ho fiducia che capirà, se non ora, in futuro. –.

Altro disse di me e più parlava e più mi sentivo rimpicciolire. Davvero l'avevo indotta a credere tanto? Mi vergognavo, avevo paura di non essere stata del tutto sincera o disinteressata, d'essermi, in qualche modo, servita di lei.

Ottenne di regalarmi "quel" libro, sulla prima pagina scrisse una dedica:" A Marinella perché si mantenga sempre così buona". Non meritavo tanta stima e fiducia e inoltre avevo la sensazione che avrei dovuto, io, fare un regalo a lei. Ero molto turbata.

Promisi: – Quando sarò più grande tornerò –.

Lei forse ci credette. Non l'avrei più rivista, nemmeno le avrei scritto.

Il libro, fra tante cose importanti perdute nei vari trasferimenti e traslochi, è l'unico superstite. Per anni, non riuscii a comprenderne il contenuto.

Più tardi, quando avrei potuto forse capirlo, non riuscii a leggerlo. Sentivo di non meritarlo, proprio per quella dedica, scritta da un'anima candida, rivolta a qualcuno che non esisteva più.

## Quarantesima istantanea

– Perché non la cercaste? – domanda Maria alle altre due.

– Perché la vita ci cambia. Anche se lo avessi desiderato, non ero più quella che lei si aspettava di rivedere – risponde Marina.

– Tu adesso che cosa ne pensi? – chiede la bambina a Maria.

– Mi sarebbe piaciuto che la promessa fosse stata mantenuta, almeno in parte. Perché non scriverle o, dal momento che rientraste in Romagna, soltanto due anni dopo, perché non farle una visita? –.

– Forse per non deluderla definitivamente. Così può aver pensato che la bambina fosse rimasta in Sicilia, o forse... morta –.

– Forse perché – interviene direttamente la bambina – non avresti avuto il coraggio di dirle che non eri riuscita a leggere il libro –.

– Hai abbastanza ragione, sarebbe stato come rivelarle di essersi sbagliata, di aver sopravvalutato la bambina, o peggio di essere stata ingannata –.

La bambina ha l'aria impermalita. La disturbano i giudizi negativi, sa bene che non è dipeso da lei quel comportamento con la suora.

Si rivolge a Maria: – Mi pare che adesso sia tu a dover raccontare –.

# IL VIAGGIO

Era un camion militare, con due panche laterali e una centrale. La famiglia Piumalbi stava al centro, nel sedile senza appoggio. Dalla cittadina romagnola erano diretti a Roma, dove avrebbero preso un treno. C'era con loro lo zio Michele che aveva già alle spalle due giorni di viaggio. Era un uomo dalla resistenza fisica eccezionale. Perché mai non era andato in guerra come il babbo, si domandava Marinella. Di fronte a lei, c'era una coppia, uomo e donna, amanti o marito e moglie. Si scambiavano effusioni, non erano tanto giovani, forse si erano ritrovati dopo tanto tempo, la bambina li osservava curiosamente con un vago senso di disagio. L'uomo, sentendosi osservato, a sua volta la fissò, percorrendola con lo sguardo dalla testa ai piedi. Si fermò sulle mani che teneva in grembo, avevano le unghie smaltate di rosso, ultimo "regalo" di Marisa.

Le aveva detto: – Così finché non va via lo smalto ti ricorderai di me –.

Le unghie rosse poco si conciliavano con gli insegnamenti di suor Bartolomea. L'uomo seguitava a guardarle con un sorriso sprezzante che la raggelò. Cercò di sovrapporre le mani per nasconderle.

Lui, ironico e implacabile: – Belle, veramente belle, chi te le ha dipinte, la mamma? –.

Si sentì umiliata. Aveva su di sé gli sguardi degli altri. Poi, per uno di quei suoi guizzi, non si sa da quali inconsce profondità affiorassero, reagì: – Non ha bambini. lei? –.

– No, non ho bambini – rispose disorientato.

– Forse è troppo vecchio per averne – commentò la bambina. Capiva di averlo ferito, ma proprio quello aveva inteso fare.

La posizione era molto scomoda, faceva caldo. Sudore e sete nel camion, per strade sconnesse, lungo il percorso i segni della guerra. Alle porte di Roma, dopo molte ore di viaggio, l'automezzo si fermò. Pensarono che fosse per misericordia, per permettere di sgranchirsi le gambe e altre necessità. Inoltre, le borracce con l'acqua che avevano portate con sé erano quasi vuote. Invece, il conducente si era fermato per un ingombro nel mezzo della strada.

L'uomo ordinò: – Che qualcuno vada a spostarlo –.

Scesero in due e constatarono che "l'ingombro" conteneva pelli già conciate, chissà chi aveva perso quel carico.

Il camionista si rivolse alla zio Michele con tono perentorio. Gli chiese di avviarsi a piedi col carico di pelli sulle spalle e di venderle lungo il percorso. Litigarono, per poco non vennero alle mani. Lo zio dovette cedere alla minaccia: – Non riparto se non mi porti i soldi delle pelli vendute, poi magari ti do la parte che ti spetta –.

Ci sarebbe stato da disperarsi, ma erano tempi che niente stupiva o scuoteva. Era come se l'anima stesse a guardare con indifferenza il corpo rassegnato. La rassegnazione è un sentimento strano, a volte può salvarti, altre ti uccide.

Lo zio tornò che era quasi sera. I viaggiatori avevano trovato una fontana dove fare rifornimento d'acqua e rinfrescarsi, ma niente da mangiare. Lo zio invece portò del pane e delle scatolette di carne e di fagioli, probabilmente aveva fatto dei baratti.

Il camionista, ricevuti i soldi, non so se davvero ne diede una parte allo zio, ripartì e portò i passeggeri fino alla stazione centrale di Roma. Qui il caos. Marinella ringraziò il cielo che lo zio Michele fosse con loro. Sarebbe stato impossibile per due donne e tre bambini districarsi in quell'accozzaglia di carne umana. Riuscirono a salire su di un treno diretto al sud. Qui i ricordi si confondono con le allucinazioni, atroci. Gente aggrappata fino sul tetto del treno e, all'interno, un caldo soffocante, puzzo di sudore e altro. Eppure era niente rispetto ad altri diversi convogli della morte ben più tragici.

Ci fu un momento drammatico in cui lo scarpone di un soldato, che cercava di entrare dal finestrino, andò a posarsi sulla testa di Giuliana rannicchiata a terra. La nonna che le stava accanto, urlò. Lo zio rapidissimo afferrò quel piede e spinse fuori. Il soldato cadde all'indietro. Giuliana piangeva. Marinella guardava con curiosità i propri piedi che erano diventati enormi nelle scarpe strette. Da principio le dolevano poi erano diventati insensibili. Da molte ore viaggiavano in posizione eretta. Diventava perfino possibile addormentarsi, sostenuti dagli altri che premevano loro addosso.

Da questo frammento di ricordo, si passa all'arrivo a Palermo. Una carrozza. Marinella con i piedi violacei, ancora più gonfi, come lievitati. Per fortuna, era come se il corpo non le appartenesse. Perfino la sua anima, che lo osservava dal di fuori, ne era disgustata.

## Quarantunesima istantanea

La bambina ha seguito il racconto, con lo stesso distacco di allora, così come si fosse osservata dal di fuori. Le due donne ne sono meravigliate.

– Sembrerebbe essere stato per lei un episodio marginale – commenta Marina.

– Qualche anno fa, rivedendo lo zio Michele, gli chiesi della storia delle pelli, non mi era ben chiara. Lui mi spiegò –.

– Lo scarpone sulla testa della sorella, Marinella lo ricorda con raccapriccio – commenta Maria.

– Rammenta anche il povero soldato che fu respinto brutalmente fuori dal finestrino –.

– Ricorda anche i propri piedi gonfi, ormai insensibili. Considera che rimase in piedi per quarantotto ore, senza mai dormire. Solo staccandosi dal corpo, come fece, poté superare quella dura prova fisica –.

– Suppongo che anche gli altri... a parte Nino e Giuliana che essendo piccoli venivano tenuti in braccio... –.

– La bambina aveva soltanto otto anni...Tienilo presente – puntualizza Maria.

# IL TETTO

La bambina trovò un "suo posto" anche in casa degli zii, a Palermo. Da un finestrino, o sportello, in soffitta, si accedeva al tetto. Fu una scoperta bellissima che la emozionò. Fu molto attenta affinché gli altri della casa non si accorgessero di quel suo segreto, ma nessuno si interessava mai di ciò che stava facendo. Sapevano che passava il tempo leggendo, a volte pregando, quindi, anche se la prendevano in giro per quel suo appartarsi, finivano per lasciarla in pace.

Carponi, andava a sedersi sul colmo del tetto, là dove i due lati si congiungono. Capiva che poteva essere pericoloso, ma stava anche molto attenta a non mettere i piedi su tegole poco stabili. Dopo le prime volte, andò più sicura. Sotto di lei, altri tetti della case più basse, nessuno, o dalla strada o dalle finestre, poteva vederla. Le sembrava di lassù, di trovarsi al di sopra di ogni miseria. E libera. Senza dover rendere conto agli altri.

Dalla Romagna, s'era portata dentro un pensiero, tenuto in disparte. Sul tetto, in Sicilia, fu in grado di prenderlo in considerazione, esaminarlo. In qualche modo esorcizzarlo. Rifletteva. C'erano state, e adesso più frequenti, le confidenze della mamma. Tutto le confidava, come ad una vecchia amica. Per esempio che non amava più il marito, dimenticando che era anche il padre di Marinella e che quella rivelazione poteva fare male.

Le aveva parlato di un collega. Celestino. Un nome quasi ridicolo. Le aveva mostrato delle foto. La mamma al mare, a Rimini. C'era andata, aveva detto, per lavoro. Esisteva ancora il mare dopo la guerra? Era così magra, la mamma, in quelle foto, quasi scheletrica. Gliele aveva scattate Celestino.

C'era sempre un gatto sul tetto a prendere il sole. La prima volta, l'aveva guardata con sospetto e aveva anche soffiato, arruffando il pelo. La bambina aveva un cattivo ricordo di graffi e accuse più o meno giustificate, nella sua prima infanzia. Restava quindi immobile, senza tentare di avvicinarlo. In ogni caso, sarebbe stato imprudente muoversi da una tegola all'altra. Il tetto era spiovente sulla strada, oltre il quinto piano. In seguito, il gatto, vedendola spesso, si era abituato alla sua presenza, osservandola a distanza. Chissà se nella sua mente di gatto passavano pensieri.

La bambina pensava che sua madre era stata molto sfortunata a sposarsi e ad avere bambini, prima e durante una guerra. Se non ci fosse stata la nonna, la mamma li avrebbe lasciati in una specie di collegio come aveva fatto Marisa con i suoi bambini? E forse, non sapendo dei tre bambini, qualche uomo si sarebbe innamorato di lei.

Marinella, però, teneva stretta dentro di sé la certezza che suo padre sarebbe tornato, quindi, non trovava alternative per la mamma. Tutte le sere, a letto prima di dormire, continuava a pregare di non risvegliarsi, nel timore di ritrovare i problemi irrisolti al suo risveglio. Purtroppo, quella preghiera, fino a quel momento, non era stata ascoltata. Chissà se Giuliana e Nino pregavano come lei... C'era invece la nonna che s'accorava e pregava così tanto... Forse anche lei chiedeva di non risvegliarsi.

La bambina capiva che la mamma era ancora giovane e che, quando ci si innamora, ci si innamora e basta. Senza altre spiegazioni. Glielo avevano detto sia Marisa sia Armanda che d'innamoramenti se ne intendevano.

Seduta sul tetto, soffriva, avrebbe voluto non essere mai nata.

Di solito saliva sul tetto quando gli altri, dopo pranzo, erano a fare il "riposino" del pomeriggio. La casa degli zii era molto grande e aveva stanze in più che sarebbero state affittate agli studenti, se tornati a frequentare i corsi universitari. Tutti coloro che avevano una casa grande, per arrotondare le magre entrate, affittavano stanze. Certo, alla zia Rosa dispiaceva che le stanze fossero ora occupate dai parenti del marito che non pagavano l'affitto.

Marinella, rifletteva, sul tetto, del perché non pranzassero a tavola tutti insieme. Era finito il tempo dei polli morti mitragliati, i pasti erano scarsi, ma alla bambina interessava poco mangiare. Capiva però che la nonna soffriva per il cassetto del pane che la zia teneva chiuso a chiave, da quella volta che Giuliana ne aveva preso un pezzetto. E accadeva anche che, quando i cugini facevano qualche merenda fuori programma, si chiudessero a chiave in cucina. Giuliana piagnucolava e la nonna stringeva le labbra e sbiancava.

Mai avrebbe riferito ai figli, la sera, quando tornavano dal lavoro, così che tutto sembrasse normale. Inoltre, a tavola, la sera, sedevano tutti insieme, mentre zia Rosa faceva l'indifferente. La nonna e la bambina si guardavano, vincolate da un silenzio mai concordato fra loro.

C'era stata una volta in cui "quelli", mentre facevano merenda rinchiusi in cucina, s'erano lasciati andare ad esclamazioni di piacere. La nonna s'era frugata nelle tasche a cercare qualche residuo di pensione. Aveva dato alcuni spiccioli a Marinella, dicendole: – Scendi e compra, al negozio di sotto, pane e "panelle" per te e per i tuoi fratelli –.

Non ebbe bisogno di raccomandarle di tacere con la mamma e con lo zio, perché fra loro bastava uno sguardo.

Sul tetto, Marinella rifletteva che la zia non era cattiva, semplicemente quel cibo in più, preferiva destinarlo ai suoi due figlioli. E, con le privazioni che c'erano state per tutti, si poteva biasimarla?

Un pomeriggio, da un tetto vicino, venne un altro gatto. I due gatti si miagolarono a vicenda in modo lamentoso. E questo durò a lungo, mentre la bambina stava in guardia, nel timore che le zompassero addosso facendola cadere dal tetto. Se ne stette immobile, per passare inosservata. Il secondo arrivato saltò addosso all'altro. Per non cadere, così suppose Marinella, lo morse sul collo. Quello di sotto si lamentò in modo orribile, da far rabbrividire. Quando si separarono fu come se non fosse accaduto nulla. La bambina non capì, perché nessuno le aveva mai spiegato.

La zia e il cugino erano saliti in soffitta per portare, o prendere roba.

– Come mai il finestrino è aperto? – si meravigliò la zia e lo chiuse. Marinella, da fuori, per fortuna, se ne accorse e fu costretta a chiamare, a mostrarsi, prima che se ne andassero. Nessuno avrebbe mai pensato, non vedendola in casa, di andare a cercarla lassù.

Successe il finimondo. Misero un lucchetto in modo che fosse impossibile aprire senza una chiave. La zia esasperata commentò: – Quella bambina, chi l'avrebbe detto, che fosse così discola, con quella faccina angelica –.

## Quarantaduesima istantanea

Nella stanza dalle pareti bianche e disadorne, col pavimento in cotto, le tre figure femminili sono ancora sedute sul tappeto.

È Marina che sbotta: – Ci sarà pur stato un momento di felicità nell'infanzia di questa bambina! –.

– Io, su quel tetto, ero felice. Sopra di me avevo soltanto il cielo e tutto il resto stava sotto. Mi sentii sperduta, quando me lo impedirono –.

# LE ARANCE

Erano diventate inseparabili, le due cugine, così Rosa fu costretta a portarsi dietro figlia e nipote. Arrivarono a casa di una sua parente che aveva partorito il giorno prima. Dopo i primi convenevoli, la zia intimò a Marinella: – Tu resta di là – indicandole una cucina estranea, dove la bambina rimase fino al momento di andar via.

Le arrivavano le voci provenienti dalle altre stanze, compresa quella della cugina coetanea. Come altre volte, distaccò la mente dai pensieri molesti, si adeguò alla circostanza.

Ogni tanto qualcuno entrava in cucina a prendere tazze, o bicchieri, ignorandola. Venne anche la zia ad aprire il pacco che aveva portato con sé. Ne uscì della frutta. Ascoltando il dialogo fra la zia e un'altra donna, capì che si trattava di arance. Era la prima volta che vedeva quel tipo di frutto e ne odorava il profumo. Il suo stomaco, sempre indifferente al cibo, ebbe uno spasmo di desiderio, sensazione assolutamente nuova e inopportuna.

La zia Rosa chiese all'altra: – Hai uno spremiagrumi? –.

Alla conferma, Marinella, in disparte, poté osservare quell'oggetto. Divisero le arance in due parti e rigirandole, mezza alla volta, sullo spremiagrumi, ne fecero uscire del succo dorato che versarono in una caraffa.

Finita l'operazione, le due donne se ne tornarono da dove erano venute, la zia reggeva in mano la caraffa piena di spremuta d'arancia.

La bambina era totalmente indifferente al loro comportamento. Ciò che invece la turbò fu quella sensazione nuova, un desiderio fisico irresistibile. Prese la buccia di una mezza arancia e l'odorò. Riconobbe il profumo che l'aveva seguita durante il percorso dalla casa della zia fin là.

Fu talmente forte il desiderio di carpirne anche il sapore che non seppe resistere. Portò la buccia alla bocca e con i denti ne raspò il residuo di polpa. Al suo palato bastò, al suo stomaco, di meno. Fu una frazione di secondo intensa ed emozionante. Ma quando vide il solco bianco del morso all'interno della buccia, le sembrò di aver rubato qualcosa che non le apparteneva. Come nascondere il "reato"? Quasi si odiò per non aver saputo resistere. Nascose la prova della sua debolezza, mettendoci sotto un'altra mezza arancia già spremuta. Sperò che non se accorgessero. Finché non lasciarono quella casa non fu tranquilla.

# Quarantatreesima istantanea

– Non m'ero mai resa conto che la zia della bambina fosse una donna così cattiva. Soltanto ora mi sovviene... –.

– Anch'io lo sto scoprendo ora. Forse anche la bambina, lo ricorda soltanto adesso. Allora, riusciva davvero ad estraniarsi, però, anche di quel poco, se ne fece una colpa – riflette Maria.

– Se l'episodio era stato rimosso, perché hai voluto ricordarlo? –.

– Perché niente può più ferirmi, ora –.

– Sai, per anni, quando mi è stato possibile, invece che sbucciare le arance, ho preferito addentarle – rivela Marina.

– Io non lo faccio, soltanto per buona educazione, ma adesso ne provo quasi il desiderio... – si stupisce Maria.

– Allora, alla prima occasione, se vuoi farmi contenta, provaci. E capirai, perché hai voluto "tornarci sopra" – conclude serafica la bambina.

# GIOCHI

Le due cugine, stessa età, trascorrevano molte ore insieme. Indipendentemente dagli episodi di contorno, erano amiche. Marinella, in alcune circostanze, più forte, riusciva a coinvolgere l'altra nella propria crisi mistica, nata dall'incontro con suor Bartolomea e alimentata dall'esempio della nonna. Pregavano per ore, fino a stordirsi. Giorgio, il cugino sedicenne, si sganasciava dalle risate quando le sorprendeva col rosario in mano.

Tutto quel pregare non era un gioco, ma forse un po' lo era, come a dire che giocavano "a diventare sante", convinte, nella loro ingenuità, che fosse possibile e che bastasse pregare.

Erano, per contrasto, anche attratte dall'idea di diventare due famose cantanti. Per lo meno, si proponevano delle alternative alla santità. In casa, c'era un microfono, di quelli con l'asta, un vero microfono, con la spina nella presa di corrente. Era superstite di un negozio di elettrodomestici che lo zio Michele aveva gestito in passato. Quando restavano sole in casa, cantavano al microfono per ore. Ciascuna si era scelta il cavallo di battaglia.

Loredana cantava "Stella d'argento, che brilli lassù...". Marinella "Solo me ne vo per la città...". In seguito, avrebbe voluto optare per "Star's dust", ma non ne conosceva le parole e modulava soltanto dei "la-la-la" con grandi proteste della cugina. Una volta che si fossero ben esercitate, pensavano di strabiliare i parenti con un'esibizione.

C'era un altro gioco suggerito da Loredana, quello dei "dottori". Tutti i bambini più o meno lo fanno. Marinella, però, ne conservava un ricordo molto spiacevole dei suoi tre anni.

– Io gioco alle cantanti, se tu dopo giochi ai dottori...–.

Più che giusto e poi della cugina si fidava. Era un gioco molto ingenuo, molto innocente, perché anche Loredana di sesso ne sapeva poco. Si visitavano a vicenda e poteva capitare qualche sfioramento, subito represso. Forse la cugina, riuscì ad avere qualche informazione in più, o ebbe l'occasione di spiare i genitori. Propose, infatti, di modificare il gioco con quello di "marito e moglie". Ma non ci furono grandi variazioni rispetto al precedente.

Un giorno, Loredana la informò: – Giorgio ci ha visto giocare ai dottori, ha detto che fa la spia alla mamma se non facciamo giocare anche lui –.

– Ma lui è grande..! – si ribellò Marinella.

– Gliel'ho detto, ma lui dice che si diverte lo stesso –.

Sensazione fredda di paura, istintiva ma violenta, lungo la spina dorsale.

– Vuol dire che non giocheremo più *ai dottori* e nemmeno a *marito e moglie*. Pazienza se lo dice alla zia –. Era come se, dentro di sé, qualcuno più esperto le suggerisse le parole nel rifiuto.

Qualche giorno dopo, Loredana tornò alla carica.

– Giorgio dice che ci insegna il gioco del pastore con le pecore. Dice che fa molto ridere –.

– Com'è il gioco delle pecore? –.

– Noi facciamo le pecore che sono scappate e lui è il pastore che viene a cercarci –.

– Una specie di "nascondino"? –.

– Sì. Però, dopo che ci ha trovato, ci porta nel recinto –.

Il recinto sarebbe stato fatto con le sedie sdraiate per terra, le bambine pecorelle si sarebbero mosse carponi, sia per scappare che per nascondersi.

Il gioco fu anche divertente, da principio. Ci fu anche molto da ridere, perché il pastore, quando le trovava, le solleticava alle costole e sotto le ascelle. Fu uno scappare e riprenderle che durò a lungo, finché Giorgio le informò: – Ora è notte, le pecore devono rimanere nel recinto perché prima di dormire bisogna mungerle –.

Anche la mungitura provocava il solletico, però le mani del pastore, alla fine, frugavano e andavano dove non sarebbero dovute andare.

Marinella protestò: – Questo gioco non mi piace più, smettiamo –. Ma il cugino insisteva e sembrava un po' fuori di testa. Inoltre, escludeva la sorella e tormentava lei.

Marinella provò repulsione e ribellione insieme, anche se non realizzava il perché. Riuscì a divincolarsi e corse alla porta della nonna che se ne stava sempre rinchiusa in camera sua per non disturbare. Si aggrappò alla maniglia, la porta si spalancò. La nonna stava lavorando ai ferri e muoveva silenziosamente le labbra, come quando sgranava il rosario.

Giorgio gridò – Non darle retta, è una bugiarda! –. E fu proprio quella difesa anticipata a tradire la sua malafede.


La nonna abitava ora in una specie di pensionato per studenti, s'era detto provvisoriamente, in attesa che la figlia trovasse un'altra soluzione, per tutta la famiglia.

Marinella ne soffriva molto, sapeva di non averne colpa, ma in qualche modo, si sentiva responsabile di quanto era accaduto. Praticamente la nonna era stata messa alla porta per aver accusato il nipote di aver molestato la cuginetta.

La bambina aveva a volte il dubbio di avere esagerato, d'aver messo della malizia dove non c'era ma, se ripensava al fatto, provava un urto dentro, provocato dall'offesa e dallo sdegno.

Le ragazze del piano di sotto, incontrandola per le scale, l'invitarono in casa per chiederle del gioco del pastore con le pecorelle da mungere.

– E dove ti mungeva, ce lo dici? –.

Scappò, senza rispondere, inseguita dalle loro risate scaltre.

Decise, in alcuni giorni, di non tornare a casa per il pranzo, del resto sempre molto insufficiente. Alla zia e alla mamma disse che mangiava dalla nonna e, alla nonna, che aveva già mangiato a casa. Invece, uscendo da scuola, quando aveva qualche soldo racimolato dagli spiccioli regalati dalla nonna, comprava "pane e panelle". Mangiava lungo strada, temporeggiando al massimo. Altre volte, saltava il pasto, tanto la nonna aveva sempre qualche mentina da regalarle, o biscotto, o castagna secca. Dentro di sé, considerava che il digiuno fosse un fioretto da offrire al Sacro Cuore.

Gli studenti del pensionato si meravigliavano nel vederla arrivare sempre sola e si divertivano ad interrogarla. La bambina aveva quel modo di rispondere, con sussiego, con proprietà di linguaggio, per tutti i libri che leggeva, molti per adulti. I libri per lei avevano un fascino difficilmente classificabile, leggeva di tutto. A volte, letteratura rosa sulle pagine di una rivista prediletta da sua madre.

Un pomeriggio, dalla camera della nonna, le arrivarono gli schiamazzi dei ragazzi nella sala. Prima di andarsene, indugiò ad osservarli sulla porta. La nonna la definiva curiosa "come una scimmia" e non si sbagliava. La videro e la coinvolsero.

– Lo sai che Marco ha una fidanzata? Passa le ore a cercare di scriverle lettere, invece di studiare. Tu sai scriverla, una lettera d'amore? –.

Fu una domanda soltanto per prendere in giro il compagno, convinti che, Marinella, essendo lei una bambina, non ne avrebbe capito il senso, né le avrebbe dato importanza.

– Ne ho scritte tante... –.

In questa sua ingenua vanità, fu davvero bambina. Le furono tutti addosso a bersagliarla di domande. Infine, le diedero carta e penna, invitandola a dare una dimostrazione. Se da principio ne fu infastidita, poi, punta nell'orgoglio per quell'incredulità, accettò la prova.

Non si sa se fu più grande la sorpresa, o il divertimento. Si rivolsero al compagno.

– Fattele scrivere da lei le lettere, è sicuramente più brava di te –.

Uno di loro commentò nel dialetto siciliano: – Questa è una vecchia truccata da bambina –.

A tutto quel frastuono, accorsero la padrona di casa e anche la nonna. Questa, accompagnando Marinella alla porta di casa che dava sulle scale, le raccomandò: – È meglio che

tu non venga più a trovarmi da sola, altrimenti mi compro-
metto anche qua –.

E Marinella fu sorpresa che ci fosse del rimprovero in quelle parole.

## Quarantaquattresima istantanea

– *Fu un momento molto difficile per la bambina* – analizza Marina – *Si sentiva particolarmente sola e provava l'esigenza di comunicare con gli altri per trovare del calore umano. Era convinta che fosse necessario essere condiscendente per rendersi simpatica. Voleva strabiliare, voleva dimostrare di esistere. Così correva dei pericoli –.*

– *C'era un angelo che mi proteggeva, non mi abbandonava mai* – mormora trasognata la bambina.

– *Considerando quanto eri "indipendente", o abbandonata a te stessa, con libertà di muoverti in casa e fuori, senza che nessuno se ne preoccupasse, hai ragione di pensare di avere avuto un angelo, sempre vigile, alla tue spalle.*

# IL RITORNO

Ci fu lo squillo del campanello e Marinella aprì la porta. Il soldato dalle sembianze sconosciute le chiese informazioni sulla famiglia Piumalbi.

– Sono la figlia più grande –. E intanto le si era fermato il cuore per l'emozione e, nello stesso tempo, per la paura. Quali notizie portava quell'uomo?

– Puoi chiamare qualcuno dei grandi? –.

– Sono sola in casa – mentì. – Lei è venuto a portare notizie di mio padre... È...vivo? –.

Come al solito, a sentirla parlare così sicura e decisa, restavano interdetti, e lui non fu da meno.

– È...morto? – balbettò la bambina al suo silenzio.

– È vivo. Sta di sotto alle scale, non ha avuto il coraggio di salire –.

– Dire "le ali ai piedi" è banale, ma corrisponde. Volò per le scale, saltando gli scalini a quattro a quattro. Non lasciò tempo ai pensieri di organizzarsi, il babbo era tornato, non c'era il tempo di pensare.

L'uomo nella sua divisa stazzonata, si appoggiava con la schiena al muro e uno zaino era poggiato sul primo scalino. Aveva il viso magro e sporco, la bambina lo riconobbe anche se erano passati quattro anni dall'ultima volta.

Gli volò al collo e lo abbracciò. Il soldato rimase immobile, come di legno, non l'aveva riconosciuta. La piccola si staccò. Lui la osservava proprio come qualcuno che cerca di capire dove ha incontrato chi gli sta di fronte.

– Sono Marinella, tua figlia –.

– Sei... così diversa...–. Già. Aveva lasciato una bambina bionda, riccioluta e paffutella, la ritrovava con i capelli lisci e lunghi, magra e con lo sguardo molto più adulto della sua età. Marinella aveva sognato e previsto quel momento svolgersi in modo molto diverso. Sentiva freddo, adesso, non sapeva più che dire.

– La mamma dov'è – chiese lui.

– É in ufficio, ma sta per tornare –.

Intanto l'altro soldato aveva parlato con la zia e aspettavano che salissero.

L'uomo in divisa parlava ormai da più di un'ora. Raccontava dei suoi tre anni di prigionia nel campo americano in Arizona. La conoscenza della lingua inglese gli aveva permesso di fare da interprete fra il comandante americano e gli altri prigionieri. Ma, al momento della proposta, egli aveva ribadito che non voleva privilegi e non rinnegava il suo passato. Quella precisazione gli era valsa la stima dell'ufficiale che, al rimpatrio, prima che si imbarcasse sulla nave con i suoi compagni, gli aveva stretto la mano, dicendogli: – Sei una persona leale e di carattere –.

E poi decine e decine di altri episodi.

Raccontò di aver visto su un giornale americano l'articolo che parlava di un industriale australiano che aveva lo stesso nome, americanizzato, di suo padre. Gli aveva scritto e quello aveva risposto confermandogli la parentela. Erano cugini, figli di fratelli. Forse il prigioniero aveva sperato in un aiuto materiale che non ci fu, comunque di quella lettera si vantava e l'avrebbe conservata per anni.

Intanto l'ora di cena era stata abbondantemente superata, ma nessuno osava interrompere quel fiume di parole. Nino si mise a piangere, aveva fame e sonno. La mamma cercò di zittirlo con qualche carezza, ma il piccolo pianse più forte. L'uomo si interruppe. Lo fissò come se solo in quel momento considerasse la sua esistenza. Si mosse verso il bambino, lo prese per un braccio e lo sollevò di peso. Fu una scena fulminea, per Marinella, orribile. Temette che il braccino si staccasse dal corpo di Nino e restasse in mano all'altro. Nessuno si mosse, silenzio assoluto. Perfino al piccolo, atterrito, si bloccò il singulto in gola.

L'uomo lo portò nella stanza più lontana e chiuse le due porte fra lui e gli altri.

Ricominciò il suo esaltato comizio, parlando a voce molto alta e gesticolando. Il pianto del piccolo Nino, chiuso in una stanza lontana, arrivava flebile e disperato.

Marinella, pietrificata, assisteva all'immobilità di quegli adulti. Non osavano protestare per l'assurdo e crudele gesto di quel padre, che mancava da quasi quattro anni e vedeva quel figlio per la prima volta.

Se di dolore si può morire, la bambina si meravigliò di seguitare a vivere, tanto forte fu lo schianto dentro il cuore. Certo, ci sono violenze fisiche molto più gravi, ma è difficile quantificare la gravità delle ferite dell'anima. Quando ritrovò il respiro, si avvicinò furtivamente alla porta, senza voltarsi, per paura di essere fermata. Sentiva la nuca perforata da uno, o più sguardi che volevano inchiodarla. Aprì, cercando di non far rumore, il cuore le schizzava fuori dal petto. Richiuse dietro di sé. La mano sudata s'incollava alla maniglia.

Aprì l'altra porta sul pianto di Nino e scoprì che la stanza era al buio. Sperò di vivere in un incubo. Il fratellino era violaceo, respirava male, le si aggrappò al collo, avvinghiandola. La raggiungeva la voce stentorea di quell'estraneo che era suo padre.

Lei avrebbe voluto capire, o compatire il babbo, la mamma e gli altri. Ma, per quanto ci provasse, non ne fu capace.

Di notte, non riusciva, o non voleva dormire. Le crescevano dentro sentimenti sconosciuti, ai quali non sapeva dare un nome. Nascevano dalla delusione d'essere stata tradita da coloro che avrebbero dovuto essere i più credibili. Se non poteva fidarsi di loro, di chi avrebbe mai potuto fidarsi?

Qualcuno entrò nello stanzino senza finestra, dove l'avevano messa a dormire. La figura femminile le si sedette accanto. Era sua madre. Si irrigidì, non riusciva a perdonarle di non aver protetto Nino, provava rancore per lei.

– Mammina – quella sussurrò – sei sveglia? –.

Non rispose, si mosse a disagio, fece per scostarsi dall'altra.

– Lo so che sei sveglia. Ho bisogno di un consiglio, sei sveglia, vero? –.

– É notte – commentò rassegnata la bambina.

– Lo so che è notte, ma non posso aspettare. Io... non voglio tornare in Romagna con lui. Hai visto com'è, mi fa paura, non gli voglio più bene. É cattivo, è pazzo...–.

– É appena tornato dalla guerra, bisogna aver pazienza...–.

S'immedesimava nella parte della madre di quella giovane donna che non amava più il marito. Era quello che quella donna voleva da lei, decisa a seguitare un gioco tanto assurdo, quanto crudele, a rischio d'insospettabili conseguenze.

– Che cosa devo fare, mammina? Dimmelo tu che cosa devo fare...–.

– É sempre il padre dei tuoi bambini...–.

– Ecco che cosa era riuscita a farle dire, con quel gioco insano. La bambina avrebbe risposto diversamente, avrebbe confessato d'aver anche lei paura di quello sconosciuto... L'adulta, la *mammina*, aveva invece il dovere di dimostrarsi saggia. Nello stesso tempo, Marinella *bambina*, si aggrappava alla speranza che, standogli vicino, sarebbe cambiato, una volta guarito dal male della guerra.

– Allora, mammina, vuoi dirmi che devo restare con lui, perché è il padre dei miei bambini? –.

Perché darle quella responsabilità così enorme per i suoi otto anni?

– Io sono solo una bambina e lui è mio padre – si ribellò.

La mamma si mise a piangere.

Marinella ancora non realizzava di aver evitato di chiamarlo "babbo", o "papà", nomi che, nei suoi pensieri, in quegli anni, si erano alternati senza una posizione definitiva.

In futuro, avrebbe parlato di lui solo in modo impersonale, senza mai chiamarlo esplicitamente. Come del resto avrebbe fatto lui che per parlare con i figli, si sarebbe rivolto alla moglie: "Devi dire a quella..." oppure: "Di' a quello..." Nonostante i loro pessimi rapporti, fra loro ci sarebbe stato un dialogo, con i figli no.

## Quarantacinquesima istantanea

– Ho già scritto di lui, non mi sento di aggiungere altro – interviene Marina.

– Lo so, hai molto sofferto, quando hai scritto di lui –.

– E allora, per il bene della bambina, devi dire che cosa provi tu ora, per quel padre e quella madre –.

– Io provo soltanto compassione. Hanno raccolto così poco amore... – risponde Maria.

La bambina la fissa, in silenzio. Anche il suo cuore si colma di compassione. Sarebbe consolante commuoversi e piangere, se soltanto ne fosse capace.

Maria comincia a raccontare.

La presenza invisibile che osserva in silenzio, sulla soglia, è impaziente di ascoltare.

# LA TERRAZZA

Si affacciava sopra un aranceto, quell'ampia terrazza, in Sicilia, quasi alle falde del Monte Pellegrino. La bambina vi trascorse molto tempo, respirando il profumo della zagara. Vi si accedeva dalle due stanze che la famiglia Piumalbi aveva preso in affitto in casa d'altri. Nel soggiorno, passaggio obbligato aperto a tutti per andare in terrazza, Marinella, di notte, ci dormiva. Non aveva un posto preciso dove stare, di giorno.

Aveva realizzato che, per vivere quel terrazzo tutto da sola, bisognava alzarsi molto presto. Apriva la persiana con molta cautela, alle sei del mattino, per non svegliare gli altri.

Al sorgere del sole il cuore le levitava di gioia, si può dire che in quei momenti fosse felice e, di quella felicità segreta e intensa, faceva scorta all'inizio di ogni giornata di sole.

Sul terrazzo, all'alba, rifletteva sugli ultimi avvenimenti.

Se n'erano andati abbastanza in fretta dalla casa degli zii, da quando la mamma aveva scoperto che, dal baule dove lo aveva riposto, era scomparso del denaro. Quasi tutto. Erano i risparmi della mamma e gran parte dell'indennizzo che il babbo aveva ricevuto per gli anni di prigionia. Soldi che dovevano servire per mettere su casa, in Romagna, nel modo più decoroso possibile.

La mamma era stata messa in grave imbarazzo, nel dover risponderne al marito. I sospetti le erano caduti su Giorgio che, negli ultimi tempi, se ne tornava a casa con oggetti di valore, dicendo che li aveva trovati. C'erano state, in precedenza, le violente scenate degli zii che indagavano per sapere dove e come avesse "trovato" quella roba, o chi gliela avesse data e perché.

Giorgio s'era giustificato: – Ho frugato sotto le macerie di una casa bombardata –.

E, comunque, anche quella spiegazione non evidenziava un bel gesto.

Non c'erano prove, salvo il fatto che il denaro era sparito, ma i sospetti sul nipote erano stati palesi. Conclusione, la zia si era offesa e aveva chiesto loro di andarsene, così come aveva fatto in precedenza con la nonna.

La bambina era delusa per l'eccessiva remissività della mamma. Avrebbe voluto vederla più decisa, forse il coraggio le era scomparso con la fine della guerra. Terribile aver perduto la stima e la fiducia nella mamma, soltanto il sorgere del sole, all'alba, la consolava.

Marinella tuttavia considerava il lato positivo di quella brutta storia: la nonna era tornata a vivere con loro. Anche se era alloggiata in una specie di sgabuzzino, dove entravano a malapena un letto e un cassettone e la poca luce veniva da un finestrino alto, al quale non ci si poteva affacciare.

D'altra parte, la nonna, in quella nuova sede, era come rinata, era allegra e vitale come da tempo non era più stata. Usciva quasi tutti i pomeriggi per andare nella Chiesa dei Cappuccini, vicino alla quale l'autobus, preso sotto casa, si fermava.

Qualche volta, portava la nipotina con sé. Nel silenzio suggestivo della chiesa, rotto soltanto dal bisbiglìo delle preghiere, Marinella aveva capito che quel luogo sacro, per la nonna, rappresentava l'equivalente della terrazza sull'aranceto, all'alba.

Liliana, la figlia quindicenne dei padroni di casa, veniva a leggere sul divano letto della stanza di passaggio, quindi sul letto dove di notte dormiva Marinella. La stanza era stata temporaneamente ceduta ma la ragazzina, che aveva avuto in precedenza quell'abitudine, la manteneva. La bambina istintivamente diffidava di lei, ma l'altra cercava di accattivarsi la sua simpatia.

– Mi fai leggere uno dei tuoi libri? – le chiese per rivalsa Marinella.

– Non sono libri per bambini – le rispose quella con sufficienza.

– Ho già letto quelli della mia mamma – si risentì.

– E io ci credo...! – rise l'altra – Per esempio? –.

– Via col vento e Uomini e topi –.

Chissà perché le era sfuggito quel segreto, adesso la preoccupò l'idea che l'altra la tradisse.

– Raccontameli –.

La bambina, alla lettura del primo romanzo, voluminosissimo, era riuscita ad appassionarsi nonostante le difficoltà, con il secondo invece, anche se con meno pagine scritte, aveva faticato molto per capirne la storia e il vero senso, quindi, per la dimostrazione, optò per il primo.

La ragazzina, esterrefatta, pretese, poiché la bambina era ligia nei particolari e la storia era lunghissima, un riassunto a puntate.

L'altra ne approfittò: – Ti racconto il seguito, se mi passi i tuoi –.

I libri, in realtà, erano soltanto due, di un'unica scrittrice: Liala. Ora che aveva nove anni, a quella lettura si estasiò letteralmente; leggeva di nascosto, alle ore dell'alba, restando in camera, con la luce accesa, invece di andare sul terrazzo a veder nascere il sole.

Per quelle letture rubate, ad un certo punto, provò sensi di colpa. Stava frequentando la quinta classe, ancora una volta dalle suore e, da queste, negli ultimi tempi, non sentiva che parlare di "peccato". Le avevano dato da leggere la storia di Maria Goretti che, per difendere la sua purezza, s'era fatta accoltellare. Le avevano seminato dentro il concetto che sesso e peccato fossero indissolubili. Mai nessun riferimento, da parte di qualcuno, al sesso–amore. Adesso quelle letture, che pure le piacevano tanto, avevano il gusto amaro del proibito, molto più amaro che non in precedenza.

Del resto, i suoi libri, da Pinocchio a Cuore, da Incompreso a Senza Famiglia e altri, incluse tutte le fiabe possibili e inimmaginabili, li aveva letti e riletti fino a conoscerli a memoria. I libri li adorava tutti.

Domandò alla nonna di condurla con sé in Chiesa.

– Nonna vorrei confessarmi, devi chiedere al tuo frate cappuccino di confessarmi –.

La donna si mise a ridere imbarazzata. Considerò la richiesta come una bambinata e ci scherzò sopra.

– Quali peccati puoi aver mai commesso...–.

– Questo lo dirò al frate –.

– Non hai ancora ricevuto la "prima comunione". Bisogna seguire le lezioni di catechismo, prepararsi bene, poi ci si può avvicinare ai Sacramenti –.

– Domani chiederò alle suore di insegnarmi il catechismo, vedrai che imparo prestissimo, però oggi voglio confessarmi –.

Aveva infatti finito di leggere l'ultimo libro prestatole da Liliana e quindi le sembrava arrivato il momento di liberarsi la coscienza.

– Non me l'avevi raccontata tu la storia di quella bambina che voleva fare la comunione e i grandi non volevano...–.

Fu il tentativo estremo di convincere la nonna. Di certo la mise in crisi, infatti rimase silenziosa.


Entrarono in chiesa. Era inondata dalle vibrazioni della musica di un organo. La bambina sbiancò, si sentì svenire. Ricordò che le era capitato già in passato, quando era molto piccola, ascoltando musica sacra trasmessa per radio. Aveva provato la stessa emozione intensa, fino a commuoversi, come per aver riconosciuto armonie familiari al suo cuore e alla sua anima. La mamma, allora, aveva spento la radio bruscamente, commentando: – Non lo senti che lagna! –.

L'incanto era svanito.

Adesso, quella musica d'organo, toccava profondità perdute di memorie indecifrabili. Vibrazioni che s'accordavano con altre vibrazioni. La nonna si spaventò, vedendola accasciarsi con la fronte fra le mani, sull'inginocchiatoio.

– Gesummaria, ti senti male? –.

– È questa musica, nonna. Mi fa sentire così debole... –.

– È frate Alfonso che suona l'organo. Vado a dirgli che vuoi confessarti, così smette di suonare, chissà perché ti fa questo effetto, Gesù mio... –.

Cessata la musica, la bambina si riprese, dimenticò l'episodio precedente e realizzò soltanto che era riuscita a convincere la nonna. Forse, povera donna, si era illusa, così come aveva fatto suor Bartolomea, che quella nipote custodisse, ancora inconsapevolmente, una sincera vocazione per una vita religiosa futura. Mai avrebbe pensato a remote memorie che affioravano. La nonna parlò col frate così convincente che questi acconsentì. Verrebbe da chiedersi se fosse serio accontentare quello che sembrava un capriccio di bambina. Tuttavia, fu fondamentale, per quella bambina, in quella circostanza, essere stata presa in considerazione.

Il frate si sorprese per tutto quel bisbigliare dietro la grata del confessionale. Alla fine, le diede la penitenza: recitare dieci Ave Maria. Le consigliò di evitare la compagnia di ragazze più grandi e farsi preparare, il più presto possibile, per la prima comunione.

La bambina prestò attenzione soprattutto al numero di Ave Maria, segno che, al suo peccato, era stata data la giusta importanza.

## Quarantaseiesima istantanea

*Nella stanza dal pavimento in cotto, le tre figure femminili stanno ancora sedute sul tappeto. Il silenzio viene rotto da Marina, la più impulsiva. Forse ha dentro l'esigenza di capire, più delle altre due.*

– Stai cercando di introdurre di nuovo il concetto di vita precedente, guarda che la bambina non te lo ha chiesto –.

– Sbagli. Ho soltanto interpretato la sua reazione. La bambina farà l'uso che crede della mia versione dei fatti –.

– Ma tu, che cosa credi tu, a questo punto della tua vita? Qual è la verità? –.

– Pensi che esista una sola verità? La verità è quella che noi crediamo essere tale; ciascuno può avere la propria verità, non meno vera di quella di un altro. La verità assoluta non è degli uomini. E credo di avertelo già detto in precedenza –.

*La bambina, che la sta ascoltando con interesse, annuisce.*

# UNA VECCHIA CONOSCENZA

A distanza di pochi anni, la difterite tornò in casa loro, questa volta per Nino. Sua madre o aveva perduto la capacità di ragionare, o amava Nino in modo smisurato rispetto alle altre figlie. Oppure, aveva perduto la lucida freddezza che le aveva permesso di rivolgersi al comando tedesco per la difterite di Marinella. Il terrore di perdere il bambino le toglieva la forza di allontanarsi da quel letto, sul quale piangeva, incapace di un comportamento responsabile. Aveva fatto la diagnosi da sola, perché già aveva avuto l'esperienza della prima figlia. Ciò nonostante, non osava allontanarsi da casa per la paura animalesca di trovarlo morto al ritorno.

Marinella osservava la madre curva a piangere sul fratellino. Era disperata quanto lei, ma con un gomitolo di vipere che le si torcevano nello stomaco.

– Perché non vai a chiamare un dottore, invece di piangere –.

– Non ho il coraggio di lasciarlo solo –.

– Ci sono qua io. Ho già avuto la difterite, non mi può contagiare, posso restare con lui mentre tu non ci sei. E, poi, non sappiamo se è veramente difterite finché non lo dice un dottore–.

– Va bene – si decise la mamma – sei in gamba, sai sempre tutto tu, capisci tutto... Quando dico che sei nata vecchia, so quel che dico... Allora, se non sei grande soltanto a parole... –.

Prese un foglietto e vi scrisse sopra qualcosa. Lo diede alla figlia.

– Ti ho scritto un biglietto urgente per il dottore. Abita vicino agli zii. In via Maqueda. Te lo ricordi il dottor Marti? –.

– Sì – mormorò. Realizzava appena le intenzioni di sua madre.

Dalla casa alle falde del monte Pellegrino, alla via dove stavano gli zii, c'erano chilometri. Bisognava prendere due autobus per arrivarci. Possibile che la mamma mandasse lei?

Era preoccupata ma anche orgogliosa perché investita di tanta responsabilità. Aveva anche dentro la sensazione spiacevole di chi sta per affrontare un incarico, se non pericoloso, quanto meno azzardato. Ascoltò le indicazioni sul percorso da seguire, registrò mentalmente il numero degli autobus e uscì di casa. Stringeva nel pugno quel biglietto tanto importante.

Ecco, all'angolo, il nome della via Maqueda. C'era arrivata dopo più di un'ora. Aveva ancora alle spalle la sensazione gelida di tutti gli sguardi adulti incuriositi e forse altro. Con il cuore che batteva all'impazzata durante il percorso a piedi, si era sentita sovrastata e piccola accanto ai passanti per strada. Così come s'era sentita prima con i passeggeri dell'autobus, quando aveva chiesto all'autista di indicarle la fermata giusta. C'erano diversi americani in giro. Molti di colore. Le avevano ricordato il bambolotto nella vetrina del negozio di giocattoli. L'occhiata attenta e indagatrice di uno di loro l'allarmò. Aveva una fascia sul braccio con scritte sopra le stesse lettere del ricamo sul davanti della sua gonna: M P, cioè Military Police. Forse, per quel motivo, i soldati americani la fissavano meravigliati, la indicavano e ridevano.

Suonò. Il portone si aprì e, dal pianerottolo del quinto piano, la invitarono a salire. "Cinque piani" a piedi furono frequenti nella sua infanzia, particolari che sembrano coincidenze, ma chissà se lo sono davvero. Arrivata, trovò un'altra porta che, nel frattempo, per sicurezza, era rimasta chiusa. Suonò di nuovo. Sentì che armeggiavano con lo spioncino, ma di lassù, piccola com'era, non potevano vederla. Dovette spiegare dietro la porta chiusa. Aveva il fiato grosso per l'ansia e le scale salite di corsa.

– Passa il biglietto sotto la porta – disse la voce di donna.

Quando aprì la porta, quella la osservò con una commiserazione che rasentava la superbia. Se alla bambina mancavano molto affetto, sicurezza e altro, è importante precisare quanto il suo orgoglio, invece, fosse smisurato. E il tono della donna la mortificò.

– Il dottore è già stato avvertito da qualcuno per telefono. Vedrai che è già arrivato a casa tua –.

Impietrì. Era contenta per Nino, quello contava, ma, per se stessa, avvertiva l'umiliazione e il senso di inutilità ferirla a sangue.

– Hai bisogno di essere riaccompagnata? – soggiunse l'altra.

– No, grazie. Conosco bene la strada –.

Tono deciso anche se erano le cinque del pomeriggio, il crepuscolo avanzava e lei aveva paura della gente per strada. La donna, d'altra parte, non tentò di insistere, completamente indifferente.

Arrivò a casa due ore dopo. Aveva le mani fredde e sudate quando suonò il campanello. Non vedeva l'ora di parlare con la mamma e chiederle come e perché l'avesse mandata fuori allo sbaraglio, se aveva un modo più veloce per chiamare il dottore. O lo aveva fatto per levarsela di torno?

Trovò sua madre ancora al capezzale di Nino, non piangeva più.

– Il dottore è venuto più di un'ora fa, gli ha fatto il siero antidifterico, ha detto che se la caverà. Ma tu dove sei stata tutto questo tempo, non hai visto che fuori è già buio? –.

Non le uscirono le parole, a che cosa sarebbero servite? E poi, dopotutto, lo scopo era stato raggiunto. Andò a sdraiarsi sul divano letto, era sfinita. Si addormentò.

# Quarantasettesima istantanea

– Per fortuna, l'orgoglio le aveva messo dentro radici robuste. Ne venne fuori una pianta solida e forte che ha aiutato molto anche me – commenta Marina, rivolta alle altre due, quasi con rabbia.

– Se di una pianta preferisci parlare, posso dirti che io invece ho faticato molto ad estirparla e ancora non ci sono riuscita del tutto. Lo considero il più coriaceo dei miei difetti –.

– Questione di opinioni, per me è una qualità, uno scudo protettivo, per te un difetto –.

– Guarda che lo scudo protettivo non lascia passare la disperazione, o l'offesa, ma impedisce l'accesso anche alla speranza e alla gioia! E questo rende ancora più infelici...–.

# LA FESTA DA BALLO

La mamma le si rivolse come per una bella notizia.

– Sabato sera accompagni Liliana ad una festa da ballo, sei contenta? –.

– E perché? –. Si mise sulla difensiva, pronta a reagire.

– Perché altrimenti sua madre non la manda. Invece se ci sei anche tu, lei può andare insieme al fidanzato –.

– Non mi importa della festa e nemmeno di Liliana, non ci voglio andare –.

Era letteralmente inferocita, non tanto per la richiesta interessata di Liliana, quanto per il consenso di sua madre. Si sentiva una specie di oggetto che si può portare di qua e di là. Senza diritto di replica.

– Gliel'ho promesso e lei lo ha detto a sua madre – tagliò corto l'altra con un tono autoritario che non ammetteva repliche.

– Io la sera ho sonno, alla mia età, la notte, si dorme –.

– Quando ti fa comodo ti ricordi della tua età, ma tu sai di essere capace di stare sveglia tutta la notte, non so come ci riesci, ma so che a volte lo fai –.

Fu inutile protestare ancora, ormai rassegnata. Quelli erano scontri persi in partenza, la estenuavano.

Avrebbe potuto riferire alla mamma di come Liliana col fidanzato stessero per ore sul divano letto, a baciarsi e accarezzarsi e lei non era libera di sostare nella "sua" stanza. Anzi, quando entrava senza sapere che fossero sul letto, le facevano un segno imperioso con la mano per dirle: "Vai, vai...".

Le toccava, in quel caso, restare sul terrazzo per ore, anche quando c'era il sole che scottava. La mamma di Liliana pensava che fossero in compagnia della "bambina" e se ne stava tranquilla. Marinella non aveva la malizia per giudicare eccessive certe effusioni intime, però avvertiva un malessere fastidioso e distoglieva lo sguardo. Capiva che quei ragazzi le mancavano di rispetto.

La nonna le aveva messo un nastro di velluto fra i capelli, ma il vestitino era sempre lo stesso, allungato, lavato e rilavato. Dolce nonna... Aveva rimproverato la figlia per quel permesso accordato, sacrificando la bambina. E questa, per tranquillizzare la nonna, aveva rimediato: – È vero che sono abituata a dormire poco, qualche notte il sonno non arriva del tutto –.

Andarono in autobus. Liliana era tutta agghindata e, fuori casa, per truccarsi, prese uno specchietto dalla borsetta di raso.

– Me lo tieni fermo? – chiese a Marinella.

Più per dispetto che per generosità, la bambina non le disse che stava meglio prima, con il viso pulito. Truccata sembrava molto più vecchia.

Nella hall dell'albergo, adibito temporaneamente a "Casa dello Studente", c'erano molte coppie giovani che esibivano il biglietto d'invito. Ma il fidanzato di Liliana parlottò in disparte con lo studente incaricato del controllo degli inviti, poi fece segno loro di seguirlo per le scale.

– Andiamo prima a salutare un mio amico che non può venire alla festa perché ha un esame lunedì –.

– Nella camera dell'amico, c'era infatti un tavolo pieno di libri e una lampada accesa su di uno di essi. Di nuovo discorsi sussurrati, poi Liliana si rivolse alla bambina: – Lui è un nostro amico, un ragazzo serio. Ti lasciamo qui un momento, poi torniamo a prenderti –.

Marinella pensò che se l'era aspettata, qualche brutta sorpresa, fin dal primo momento.

Rimase in quella stanza oltre le due della notte. Si annoiò mortalmente, la collera le faceva scoppiare il cuore. Lo studente, effettivamente, stette tutto il tempo a studiare, poche volte le rivolse la parola.

– Se vuoi, puoi sederti sul letto –.

E lei lo fece poiché in piedi era impossibile resistere tutto quel tempo.

Più tardi: – Puoi anche sdraiarti e dormire, tanto quei due faranno tardi –.

Invece, la bambina rimase rigida, impettita, gli occhi spalancati nel timore di addormentarsi su quel letto, nella stanza di uno sconosciuto.

Quando vennero a riprenderla, Liliana aveva una faccia strana. Non aveva più trucco ed era molto pallida. Scendendo per le scale, le sussurrò all'orecchio: – È stata una festa molto noiosa, non ti saresti divertita –.

All'uscita dell'albergo, presero una carrozza e quello, per la bambina, sarebbe potuto essere un diversivo piacevole, se non fosse stata così amareggiata.

Quei due si parlavano fitto fitto, poi di nuovo la ragazza le si rivolse: – Non dire a nessuno che sei rimasta sola. Se parli, dico a tua madre che leggi i libri di Liala –.

– Non parlo perché non me ne importa niente di voi due. Ma tu non chiedere più a mia mamma di portarmi fuori con te e non venire più nella mia stanza a leggere, o a fare altre cose –. Le uscì la voce dura e decisa dell'adulta che era in lei.

– Ha ragione tua madre quando dice che sei "nata vecchia– commentò astiosa Liliana.

## Quarantottesima istantanea

La bambina, seduta sul cuscino, ha un atteggiamento assorto, come nella ricerca di un particolare ricordo, per riflettere su di esso.

Maria la osserva e prova tenerezza. – Le dicevano che era nata vecchia, per ferirla –.

– Lei invece capiva che gli adulti ignoravano quanto avessero colto nel segno e ciò rendeva ancora più amara la sua malinconia – aggiunge Marina.

– La malinconia deriva dal fatto che percepiva coscientemente d'esser vecchia, perché derubata dell'infanzia –.

Osservando le tre figure nella stanza, è evidente che sono talmente unite che niente e nessuno riuscirebbe a interporsi fra loro.

# UNA MUSICA IRRESISTIBILE

Dalla porta di fronte a quella della stanza della nonna, usciva una musica esaltante, travolgente, per Marinella insolita. Passando davanti a quella porta, si soffermava ad ascoltare. Le note le mettevano allegria, le davano il desiderio di saltellare e muovere le braccia.

La stanza era quella di Francesco, il figlio sedicenne della padrona di casa e la bambina diffidava dei ragazzi di quell'età. Però ci sono impulsi che nascono improvvisi, apparentemente senza una ragione, ai quali non si sa resistere: bussò a quella porta.

Il ragazzo le aprì. Aveva il viso un po' arrossato e ansimava come se avesse corso, la osservò sorpreso.

– Ho sentito la musica... L'ascolto sempre... – accennò lei.

– Ti piace? –.

–Molto –.

– Se vuoi entrare... –.

Non si fece ripetere l'invito. Lui si passò una mano sulla fronte sudata. – Stavo ballando – spiegò – Però non dirlo ai grandi –.

La bambina annuì. Per lei ormai era diventata un regola, quasi una legge. I rapporti si circoscrivono prevalentemente a due sole persone, gli altri rimangono al di fuori del cerchio.

Il disco era finito, il ragazzo lo sostituì con un altro altrettanto scatenato.

– È boogie–woogie – le spiegò – Viene dall'America. Fino alla fine della guerra, questa musica era proibita. Ce l'hanno portata gli alleati con la liberazione. Per me è bellissima, mi mette il fuoco dentro e mi fa venire voglia di ballare. Ci voleva, dopo tanta tragedia. Sto cercando di imparare bene i passi –.

Ecco perché, pensò Marinella, anche lei aveva provato quella voglia di muoversi e saltare!

Si erano capiti subito, il ragazzo e la bambina, come se si fossero conosciuti da sempre. Al primo sguardo, s'erano valutati e accettati. Lui, introverso, sempre chiuso in camera sua, come per evitare incontri con gli ospiti della casa, l'aveva fatta entrare con serena condiscendenza. S'erano fidati l'uno dell'altra e viceversa, senza esitazione, o dubbio.

Le confidò: – I dischi me li ha regalati una ragazza americana. Si chiama Evelyn –.

– È la tua fidanzata? –.

Arrossì di piacere, ma negò: – Ne sono innamorato, ma ancora non è del tutto la mia fidanzata, però ci scriviamo. È stata lei a insegnarmi i passi del boogie–woogie. Ora mi esercito così, quando ci rivediamo, posso invitarla a ballare senza rischiare di far cattiva figura –.

– Mi fai vedere come sono i passi? –.

Il ragazzo non chiedeva altro che esibirsi, ci si mise d'impegno. Con lei non rischiava di fare figuracce.

– Sei molto bravo – commentò la bambina – m'insegni? –.

– È difficile anche insegnarlo, se non sai ballare bene. Vedessi i soldati americani come lo ballano! Le donne le fanno volare e le riprendono senza che si facciano male. Io avrei paura di farle cadere –.

– Forse anche le ragazze devono saper ballare bene –.

– Evelyn balla divinamente, è stupenda –.

– Anche tu sei abbastanza bravo e poi sei carino, sono sicura che ti ama anche lei –.

Lo conquistò con quelle parole, anche perché, da una bambina, non se le sarebbe aspettate.

Fu il primo approccio. Da allora, ogni pomeriggio, quando i grandi non erano in casa, Marinella andò a bussare alla sua porta.


Francesco le leggeva l'ultima lettera di Evelyn, traducendola dall'inglese. Marinella gliela trascriveva in italiano. Poi di nuovo lui, dall'italiano, la rileggeva più speditamente, dando colore alle parole.

Così fecero anche con le lettere più vecchie. In seguito, il ragazzo chiese alla bambina di leggere lei la versione italiana e così andavano avanti a volte per ore. Evelyn fu il loro unico argomento. Parlando di lei, ascoltavano la musica del boogie–woogie, seduti sul letto. Altre volte Francesco ballava scatenato. Siccome era estate e faceva caldo, grondava sudore e doveva fermarsi. Marinella, un giorno, gli chiese di insegnarle almeno alcuni passi che l'avevano colpita per la originalità del movimento. Lui cedette e ci perse un pomeriggio, la bambina non aveva molta disposizione per il ballo.

Stare con Marinella gli piaceva, il tempo scorreva più veloce, ma soprattutto con lei aveva l'opportunità di parlare liberamente di Evelyn, senza timidezza o inibizioni. Questo rendeva più raggiungibile e reale il sogno, mentre limitarsi a pensarla sfumava l'immagine di Evelyn rendendola evanescente.

Il ragazzo si sdraiò sul letto. Raccontò di come l'ultima volta fosse stato sul punto di baciarla, ma poi non ne avesse avuto il coraggio. Quante volte aveva raccontato quello stesso episodio? Innumerevoli, s'era perso il conto.

– Posso sdraiarmi accanto a te? –.

Lui si spostò di fianco, seguitando a parlare di Evelyn finché si addormentò. Lo guardò dormire per un poco, fissando lo sguardo sulle sue labbra carnose. Le immaginava sulle labbra di Evelyn, ma non aveva idea di come si baciassero due innamorati. Aveva visto più di una volta, di sfuggita, Liliana che baciava il fidanzato, ma s'era sempre girata dall'altra parte, vergognandosi all'idea che potessero pensare che stesse spiandoli. Sapeva di sicuro che le labbra si univano. E, guardando Francesco dormire, abbandonato come un bambino, provò lo strano desiderio di sfiorargli le labbra almeno con la mano. Rinunciò nel timore di svegliarlo. Sdraiata accanto a lui, fatto stranissimo, in quella situazione inconsueta, si addormentò anche lei.

La giovane donna stava seduta sopra un telo da mare sulla spiaggia. Guardava la schiuma delle onde che si rifrangevano sulla battigia. Aspettava. L'uomo che attendeva la raggiunse e si sedette accanto a lei. Si amavano molto. La bambina, nel sogno, li osservava dal di fuori, come nella sequenza di un film, eppure era anche nel corpo della giovane donna. Difficile spiegare: era se stessa e anche la donna.

Viveva, nel sogno, anche i sentimenti e le sensazioni di quella donna. Amava l'uomo che le si era seduto accanto. E lo amava da tempo. La donna e la bambina, unite in un'unica persona, baciarono l'uomo come può farlo chi altre volte lo ha già fatto, con slancio e desiderio. Fu talmente violenta, nel sogno, l'emozione che si svegliò. Si tirò sui gomiti per realizzare dove si trovasse e come mai si fosse addormentata in una stanza estranea, lei che sapeva vincere il sonno e vigilare, diffidando delle situazioni anomale.

Controllò che Francesco dormisse ancora. Era molto turbata. Il ragazzo non era l'uomo del sogno, nemmeno gli somigliava, ma in qualche modo lei percepiva una correlazione fra loro. Provava per lui un sentimento diverso, ora. Tutto era cambiato.

Si alzò con cautela, quasi scivolando; silenziosa, lasciò quella stanza. Non ci sarebbe più tornata. Il disagio inspiegabile, il rimpianto misterioso di esperienze già vissute, senza poter capire dove, o quando, glielo avrebbero impedito. E, non riuscendo a darsi una risposta, si era sentita in pericolo.

*Marina è perplessa.* – *Sei sicura che la bambina volesse raccontare quell'episodio?* –.

– *Perché no, a me sembra pieno di poesia: il ragazzo e la bambina che uniscono le loro solitudini. Mi viene il dubbio che Evelyn fosse frutto di fantasie* –.

– *Ma allora le lettere..?* –.

– *Oh, quelle... poteva averle scritte lui. Altrimenti non saprei spiegarmi la presenza di una ragazza americana a Palermo nell'immediato dopoguerra* –.

– *Non ci sono anche donne nell'esercito americano? Potrebbe essere arrivata con le truppe di liberazione. Per un motivo, o per un altro, tiro a caso* –.

– *Ho raccontato la versione del ragazzo alla bambina, prendiamola per buona* –.

– *Io credo che, ancora una volta, tu subisca il fascino filosofico della metempsicosi* –.

– *Può essere, ma non è detto. La bambina leggeva i libri di Liala, storie romantiche con molte descrizioni, vedeva i fidanzati scambiarsi effusioni abbastanza esplicite, aveva anche ricevuto le confidenze delle domestiche e perfino della madre, un'idea poteva anche essersela fatta e la sua fantasia essersi sbizzarrita. E comunque la sessualità nasce con l'uomo, fa parte del suo patrimonio genetico e il desiderio di un bacio può sottintendere molte ragioni. E, poi, perché escludere la possibilità di vite precedenti, ci furono altri episodi che non hanno una spiegazione molto logica* –.

– *Il fatto che in seguito evitasse di incontrare Francesco esclude curiosità morbose più o meno inconsce, si comportò da adulta evitandolo* –.

– *Sono d'accordo con te* –.

– *Ogni volta che lo incontravo nell'atrio di casa, mi tremavano le gambe, dopo quel sogno* – *interviene la bambina* –.

*Avevo molta paura che lui se ne accorgesse. Un giorno mi chiese perché non tornavo ad ascoltare i dischi. Gli risposi che non mi piacevano più –.*

*– E lui? – .*

*– Si impermalì. Sei diventata stupida come tutti gli altri, disse. Ma non mi offesi –.*

*La bambina adesso ha un'espressione molto tenera e sognante.*

# LA STANZA VUOTA

Le due donne discutevano concitatamente. Marinella, nella stanza accanto, fu distolta dalla lettura a causa di quelle voci alterate. Non aveva mai sentito la nonna agitarsi tanto nel rimprovero alla figlia. D'altra parte, questa reagiva violentemente, accusando a sua volta, invece che discolparsi.

Sempre, la mamma, non trovando parole di difesa, accusava a sproposito gli altri.

La bambina si portò le mani alle orecchie, premendole con forza, nella speranza di restare estranea a quel duello di parole. Lei amava quelle due donne, entrambe, anche se in modo diverso. Le voci le arrivavano nonostante il puerile tentativo di isolarsi. Conosceva le ragioni del litigio, perché della mamma sapeva tutto, era la sua confidente da tempo, spesso complice.

Le aveva confidato la sua ultima storia, nata da qualche mese, diventata importante: un uomo, finalmente, ricambiava i suoi sentimenti. Marinella lo aveva conosciuto, così come ne aveva conosciuto sia la moglie che la figlia. Aveva capito benissimo che quell'uomo, nonostante tutto, mai avrebbe lasciato la sua famiglia per la mamma. Di questo, le due donne, nell'altra stanza, discutevano. Chissà come la nonna era venuta a sapere di quella relazione. O forse la mamma aveva deciso di informarla nella speranza di trovare un'alleata. Ma come non considerare quanto la nonna fosse religiosa, rigida nella sua morale, rispettosa delle leggi della Chiesa? Per la nonna, un sacramento era indissolubile.

Staccò le mani dalle orecchie, tanto non servivano. Se solo la mamma avesse usato altre parole per fare capire le sue ragioni... Marinella aveva una gran pena per la sua fragilità, i suoi limiti, la sua giovane età con la responsabilità di tre figli. Anni di solitudine... Ma soffriva per la nonna che tutta la vita s'era sacrificata per tutti, sempre pronta ad aiutare, a privarsi dell'indispensabile, a perdonare... Sarebbe bastato parlarle con un altro tono, senza aggredirla. Povera, dolce nonna, col suo cuore malato... Perché la mamma dimenticava così spesso che bisognava lasciarla tranquilla, senza darle motivo di agitarsi?

Poi la frase orribile di sua madre: – Tu che ti atteggi a santa, che te ne vai tutti i giorni in chiesa, a trovare quel tuo padre Alfonso... Non venirmi a raccontare che vai da lui solo per fede. Poi vieni a fare la predica a me –.

Ci fu un urlo strozzato della nonna, poi furono sbattute un paio di porte e la mamma uscì di casa.

La bambina allora si precipitò nella stanza accanto, le gambe le tremavano e il cuore le batteva all'impazzata. Considerava che l'offesa era stata grave, lei stessa non riusciva a reggerla.

La nonna rantolava, aggrappata al cassettone, cianotica.

– Nonnina, vuoi un bicchier d'acqua, vuoi la tua medicina? Ti prego, nonna, rispondimi –.

La donna riuscì ad esalare: – Fammi appoggiare a te, accompagnami in camera mia. Vedrai che poi passa, non ti spaventare –.


Quando entrava nella stanza della nonna, avvertiva subito quell'odore che non era solo di rinchiuso e di malattia, ma molto di più, una sensazione di morte che le penetrava dentro, senza che potesse ben definirla e difendersi.

Non si rendeva completamente conto di quando la nonna si fosse aggravata, se non per il fatto che da giorni se ne stava sempre a letto, sostenuta da tre cuscini.

Appena Marinella entrava, lei sorrideva. Era come se l'avesse aspettata fino allora. Il suo sorriso smentiva la mamma che l'ammoniva di non disturbarla. Lei sapeva che la nonna, in quella stanza troppo piccola, stava sempre sola e contava sulla sua compagnia.

Le chiedeva di raccontarle tutti i particolari spiccioli della mia giornata, delle suore, delle sue compagne di scuola. Mai le poneva domande sulla mamma. Invece l'incoraggiava a farne a lei, anche le più inutili e stupide. Proprio quello chiedeva, che fosse bambina almeno con lei. L'assecondava.

– Nonna, perché sei così ingrossata? –.

– Non sono ingrossata, sono gonfia –.

Per dimostrale la fondatezza di ciò che affermava, spingeva l'indice contro il braccio e il dito vi affondava di un paio di centimetri. Nella carne restava un buco che Marinella fingeva di osservare con molto interesse fino a quando, lentamente, tornava a riempirsi. Già un paio di volte le aveva dato quella dimostrazione. Si compiaceva del suo gioco triste.

– Posso provare, nonna? –. Anche se si sentiva stupida e, appunto, infantile.

Un giorno, la nonna non le sorrise. Le avevano detto che era necessario ricoverarla in ospedale. Teneva lo sguardo fisso e offeso. E la ignorava. Comprese che temeva volessero, con la scusa della malattia, liberarsi di lei.

– Nonna, guardami, sono io. Che cosa ti ho fatto io? –.

– Vogliono mandarmi all'ospedale –. Parlava al plurale, senza riferimenti. Chi erano mai coloro che "volevano" mandarla all'ospedale? La mamma, il medico...

Glielo chiese, per scuoterla dalla sua fissità.

– Lo so io – rispose.

– Nonna, io non voglio che tu vada all'ospedale. Vuoi che ne parli con la mamma? –.

– Sì, diglielo a tua madre, di non farmi questo torto –. Poi sembrò svegliarsi, prendere coscienza. L'abbracciò.

– Povera bambina mia, la nonna si è rimbecillita. Ti parla come se tu non fossi una bambina –.

Il giorno dopo, Marinella trovò la stanza vuota. Era inebetita e rabbiosa con se stessa per non essersi accorta di niente. Forse l'avevano trasferita mentre era fuori di casa, forse l'avevano allontanata con qualche pretesto... Si sentì colpevole per non essere intervenuta in tempo a convincere la mamma. Le domande, adesso, le si pietrificarono dentro e non riuscì a chiedere spiegazioni.

Per qualche giorno, ritornò alla solita ora nella stanza vuota, a fissare le poche cose rimaste. Sperava che, un giorno o l'altro, così come l'avevano portata via, l'avrebbero restituita.

Seppe che era morta quando la mamma ritornò a casa una mattina, dopo aver passato la notte fuori. Era sostenuta da una conoscente, come se non riuscisse a reggersi in piedi. Lo seppe dai singhiozzi aspri di sua madre e dalle voci delle persone intorno. Si rannicchiò in un angolo ad ascoltare. Avrebbe voluto confondersi con la parete. Che la nonna fosse morta le pareva senza senso, era impossibile che l'avesse abbandonata.

La sconvolsero le parole di sua madre: – Mentre moriva non era più lei. Si è seduta sul letto, non so con quale forza e mi ha guardata con odio. Mi indicava col dito, senza riuscire a parlare: ho avuto paura di lei –.

Devastazione dentro la bambina per ciò che aveva udito. La morte era un avvenimento mostruoso, deformante. Trasformava l'essenza delle persone, provocava odio e paura. Evento terrificante che siamo condannati a subire. Non era stato questo l'insegnamento della nonna. Dal comportamento della mamma, dedusse anche che, per dimostrare il proprio dolore, bisognasse piangere forte e gridare. Invece lei se ne stava immobile, in piedi, schiacciata contro il muro, colpevole di non riuscire né a piangere né a gridare.

Poi, nel suo agitarsi, lo sguardo della mamma si posò su di lei. Sembrò in collera.

– Hai capito che la nonna è morta? E tu te ne stai lì impalata, come un baccalà –.

Allora, rigida, come legata dentro un sacco, si costrinse ad avvicinarsi. Si lasciò abbracciare, insensibile al contatto. Infine, abbandonò la stanza con tutti quelli che ci stavano dentro e andò a rifugiarsi nella camera della nonna.

Il rettangolo di finestra, in alto, era aperto. Entrava il sole, il letto era disfatto, il materasso arrotolato. Era una scena già vissuta alcuni anni prima, nella stanza della zia Maria.

Dedusse che, quando una persona muore, bisognasse subito cancellarne le tracce. Ma né il sole, né l'aria, né la luce dell'alba riuscivano a mitigare quell'acuto, disperato odore di morte che le pareva di avvertire. Della nonna non era rimasto che quello.

Le sembrò di vedersela davanti, spaventosa nel momento del trapasso, con l'odio sul viso, come aveva detto di averla vista la mamma, che poi era sua figlia. Si convinse che la nonna odiava chi l'aveva forzatamente mandata all'ospedale, dove l'avevano fatta morire. Si disse anche che, se fosse rimasta a casa, non sarebbe morta. Ad un tratto, ebbe paura di trovarsi sola in quella stanza, paura della nonna morta.

Le sarebbe rimasta, per anni, la paura dei morti.

La bambina camminava, seguendo un percorso già fatto una volta in autobus, alcuni mesi prima. Non aveva una meta precisa. Le era venuto in mente di recarsi alla chiesa dei Cappuccini a cercare padre Alfonso, per dirgli della morte della nonna. Aveva rinunciato, non fidandosi di saper riconoscere il luogo preciso. Le altre volte che era andata là, camminando, aveva chiacchierato di continuo con la nonna, senza guardarsi intorno. Non avrebbe più chiacchierato con la nonna.

Adesso percorreva quelle strade a piedi, dirigendosi automaticamente verso la casa degli zii. Non s'erano fatti più vivi dopo la storia del furto. Chissà se sapevano della morte della nonna. Il movimento regolare dei passi sul marciapiede scandiva, automatico, i suoi pensieri. Intanto il sole si era alzato e faceva caldo. Allora si ricordò di una sua ex compagna di banco, quando frequentava la quarta classe, nella scuola pubblica. Una volta l'aveva portata con sé a trovare la nonna, quando abitava nel pensionato per studenti. Quel ricordo la convinse a recarsi a casa sua.

Sulla porta, esitò prima di suonare il campanello. Non sapeva come cominciare un qualsiasi discorso. Le aprì una sorella più grande, la informò subito che la compagna era uscita con la mamma.

Non aveva pensato a quella possibilità, era delusa. Si fece coraggio e disse l'unica cosa che in quel momento desiderasse dire a qualcuno: – La nonna è morta –. Si pose la mano sulla bocca, perché non era riuscita ad impedire quella frase e non voleva le sfuggissero altre parole.

Quella rispose: – Poverina... –. Con indifferenza.

Marinella, con il viso fra le mani, non riuscì a spremere nemmeno una lacrima. E poi, perché avrebbe dovuto piangere davanti a quell'estranea?

Arrivò a casa, ansimando. Aveva fatto la strada di ritorno correndo, perché s'era resa conto di quanto fosse tardi. Il sole era alto e il caldo molto forte. Le aprì Liliana.

La guardò con sopportazione: – Dove sei stata? –.

– Dalle suore – mentì.

– Ah, bene, allora hai già mangiato, perché qui non c'è rimasto più niente. L'avevamo immaginato che restavi a mangiare dalle suore –.

La bambina era digiuna dalla sera prima, si sentiva sul punto di svenire per il caldo e la corsa, ma mentì di nuovo: – Sì, ho mangiato –.

E l'altra: – Mi raccomando, non fare rumore e non disturbare. A tua madre abbiamo dato un sonnifero per farla dormire –.

Nella cucina deserta, la bambina bevve al rubinetto. Poi cercò nei vari cassetti e trovò del pane stantio, sospirò di sollievo. Andò a sgranocchiarlo sul balcone della cucina. Di fronte vedeva il monte Pellegrino.

Le venne in mente della zia che teneva i cassetti del pane chiusi a chiave e di quella volta che la nonna, raccogliendo gli spiccioli, residuo della magra pensione, l'aveva mandata a comprare per sé e i fratellini del pane con "panelle". Allora, e fu come un miracolo, pianse. E scoprì che piangere può essere un sollievo.

## Cinquantesima istantanea

*Maria si rivolge a Marina, ha un tono di voce esitante.*

*– Scusami se mi sono permessa di introdurmi in un racconto che sarebbe stato tutto tuo. La bambina mi ha chiesto di renderlo meno doloroso –.*

*– Non c'è bisogno di scusarti, sono contenta che tu lo abbia fatto. La bambina era troppo preoccupata che mettessi in cattiva luce la figura di sua madre. Del resto, anch'io temevo di manifestare del rancore. I fatti sono ancora troppo presenti nella mia memoria. Sai, come per un dato periodo storico, se l'epoca è troppo vicina, l'obiettività ci scapita. La bambina ha capito che tu saresti stata imparziale –.*

*– Non è così semplice spiegare quel rapporto madre-figlia in senso inverso, nato per gioco e diventato il limite di un confine alterato –.*

# QUARTA PARTE

# IDENTITÀ

Aveva la sensazione d'essere priva d'identità: non aveva radici definite. Non si sentiva siciliana, perché da quel luogo era venuta via a sei mesi dalla nascita. Non si sentiva romagnola, sia perché non era nata in Romagna, sia per il fatto che per un anno e mezzo ne era stata lontana. Ora, ritornata in Romagna, nel nuovo alloggio, non aveva ancora stabilito un posto tutto suo dove rifugiarsi all'occorrenza e ciò la disorientava. Si trovava al "quinto piano" di un palazzo, fra altri di un insediamento popolare. Non aveva una propria stanza, del resto non l'aveva mai avuta. Aveva preteso di dormire da sola e aveva ottenuto quel divano letto nella sala da pranzo. Qui c'era un terrazzino che si affacciava sopra un grande cortile, dove alcuni bambini giocavano. Non aveva mai ascoltato le voci di tanti bambini nel gioco. Le parole nel dialetto romagnolo, le voci alte e ridenti, le arrivavano e la rendevano più sola. Della Sicilia, nel periodo che vi aveva trascorso, aveva assimilato un accento siciliano che strideva con la cadenza dei bambini nel cortile; ascoltandoli, avvertiva suoni più musicali. Questo particolare le sembrava evidenziasse delle stonature, quindi pericolo di disagio e difficoltà da affrontare. Marinella non aveva più tanta voglia di combattere. Capiva perfettamente il loro dialetto per averlo ascoltato fino agli otto anni. Ma non sarebbe riuscita, al momento, ad esprimersi come loro. La disturbava l'idea che potessero considerarla diversa.

La nonna le mancava. Le sue parabole e la sua filosofia l'avrebbero, ora, di sicuro, aiutata, ma, se pensava a lei, le prendeva la paura. Più volte, negli ultimi tempi, l'aveva sognata, così come l'aveva descritta sua madre nel momento del trapasso. Erano incubi spaventosi dai quali si svegliava stremata. E si vergognava, come se fosse stata responsabile, di sognare la nonna, dolcissima nonna, in quel modo tanto ingiusto.

I fratelli più piccoli giocavano fra loro e, qualche volta, erano anche scesi in cortile per unirsi ai coetanei, attratti da quel richiamo inconsueto. Lei li aveva controllati dal terrazzo, constatando che se ne stavano in disparte, piuttosto ignorati dagli altri bambini.

Ad un certo punto, le era venuto un insostenibile desiderio di infanzia, mai considerato fino allora. Per soddisfarlo, aveva acquistato, all'edicola vicino casa, dei giornali per bambini, quasi un'originalità per lei che leggeva i rotocalchi di sua madre e libri romantici per adulti.

Sul "Corrierino" e su "Bambola" venivano pubblicate delle poesie. Ebbe l'idea che non fosse difficile scrivere una poesia (si sarebbe ricreduta con gli anni) e volle provarci.

La prima poesia le venne di getto, dedicata alla nonna. Senza dir niente agli altri di casa, la spedì al direttore del "Corrierino" con poche parole di accompagnamento. Il direttore le avrebbe risposto, mandandole con somma sorpresa, anche un modesto assegno e una lettera dove, fra l'altro la ammoniva: "...spero che sia tutta farina del tuo sacco, verrebbe da dubitarne dal momento che dichiari nove anni".

Invece che sentirsi lusingata, quasi si offese per quell'incredulità. Tuttavia, gli mandò altre poesie che furono tutte pubblicate. Spedì in seguito un articolo sul discorso tenuto da Mons. Lercaro, allora Arcivescovo di Bologna, nella piazza principale della cittadina che lo ospitò in occasione di un'importante ricorrenza religiosa.

Al babbo, quell'articolo piacque molto, a sua insaputa spedì una copia del giornale all'Arcivescovo e quello le scrisse una lettera che la emozionò. Il Prelato si aspettava da lei traguardi che non avrebbe mai raggiunto, né, d'altra parte, mai tentati.

Conservò quei "trofei" per molti anni, in una valigia che teneva sotto il letto. Andarono perduti in un ennesimo trasloco, alcuni anni dopo.

Di tutta questa storia però le rimase la consapevolezza che ci si può esprimere anche senza parlare, anzi con maggior libertà di sentimenti. E che, quando scriveva, era felice.

# Cinquantunesima istantanea

– *Altri genitori* – dice Marina – *avrebbero conservato gli scritti pubblicati della loro bambina, se le avessero voluto bene* –.

– *Ancora non riesci a perdonare...*– osserva Maria.

– *Non ho ancora l'età del perdono* –.

– *Se lo scrivere per te è così vitale, perché ad un certo punto hai smesso?* –.

– *I motivi sono molti, alcuni di carattere pratico molto evidente. Non dimenticare che ho quattro figli di età ravvicinata, sono molto più importanti dei miei sogni di gloria* –.

– *Ma i motivi più nascosti?* –.

– *Ad un certo punto, ho avuto la sensazione che lo scrivere, che tu chiami vitale, sia, invece, paradossalmente, anche un "non-vivere": ho scelto di vivere* –.

– *Non sarà, per caso, anche per una forma di autolesionismo, una sorta di suicidio quasi peggiore di quello fisico?* –.

– *Su questo non ho riflettuto. È possibile che, insieme a tante ragioni, ugualmente reali e valide, ci sia anche questa: molto nascosta però...* – si difende Marina. Ora ha le labbra contratte, lo sguardo disorientato.

– *Scusami, se ti ho messo in difficoltà, ma la tua reazione dimostrerebbe che un fondo di verità, nella mia analisi, c'è* –.

La bambina le ascolta attentamente, senza intervenire.

# PRIMO AMORE

Sua madre le aveva raccomandato di non mandare i fratellini nel cortile da soli, non era prudente. Ma la bambina non se la sentiva di scendere con loro e i piccoli insistevano, allora raggiunsero un compromesso. Li avrebbe seguiti dal balcone, senza perderli mai di vista e loro non si sarebbero allontanati dal suo controllo.

Passò ore affacciata al davanzale sul cortile. Come altre volte nel passato, osservò gli altri dall'alto.

C'era un gruppo di ragazzini, a portata di sguardo, che giocavano con una palla da baseball e se la lanciavano fra loro. Uno di essi le sembrò molto bello. Le procurò percezioni già provate di familiarità apparentemente inesistenti. Era molto conteso dagli altri perché la palla da baseball era sua ed era un oggetto abbastanza inusuale.

Marinella controllava Nino e Giuliana, ma sempre più spesso il suo sguardo andava in altra direzione. Conobbe anche il nome del ragazzo, avendolo sentito pronunciare dai suoi compagni di gioco: Alessandro. Se per caso lui alzava lo sguardo al balcone del quinto piano, le prendeva un'emozione intensa, strana e inconsueta. Le fiaccava le gambe. Lo sguardo di Alessandro si alzò sempre più frequentemente, aveva occhi grandi e neri.

Un pomeriggio, lo sentì suggerire ai compagni di lanciare la palla in aria e vedere chi arrivava più in alto. In quel modo, era meno sospetto guardare verso il balcone del quinto piano, al quale si affacciava la bambina. Marinella non ebbe la malizia di capirlo. La palla volava in alto, con essa lo sguardo dei ragazzi. Incontrando lo sguardo di Alessandro, la bambina provava una sensazione travolgente, fra cuore e stomaco, quasi un malessere, che le si diffondeva per tutto il corpo.

Vide che il ragazzino parlava con Nino, gli sorrideva, era facile immaginare che lo interrogasse.

Quando il piccolo tornò in casa, Marinella finse indifferenza.

– Che cosa voleva, quel ragazzo, da te? –.

Nino si strinse nelle spalle e non le seppe rispondere, nemmeno si ricordava.

Un successivo pomeriggio, la palla da baseball, "per caso", finì sul balcone del quinto piano. Panico ed emozione insostenibile.

– Scusami, non volevo – recitò il ragazzino dal cortile.

La bambina fece il gesto di rilanciare la palla.

– Non farlo, se rimbalza si rompe –. Fu un'ammonizione inverosimile.

– Puoi portarmela giù, per piacere? –.

La lingua le si era incollata al palato. Riuscì soltanto a fare un cenno di assenso con la testa. In cinque piani di scale, ci sono tanti scalini... Avrebbe voluto che ce ne fossero di più, per non arrivare mai alla fine. Alessandro l'aspettava giù nell'atrio, lei gli porse la palla.

– Grazie. È da baseball, lo sapevi? Me l'ha regalata mio padre che ha degli amici americani –.

Lei zitta.

– Come ti chiami? –.

Le sarebbe uscita la voce? – Marinella –. Ecco, lo aveva detto.

– Bello, fa pensare al mare. Io mi chiamo Alessandro. Sei siciliana, vero? –.

Si mise sulla difensiva: – Chi te lo ha detto? –.

Mentre parlava si ascoltò, il suo accento era inconfondibile.

– Me lo ha detto il tuo fratellino, che venite dalla Sicilia. Mio padre è siciliano, è l'uomo più fantastico del mondo –.

Marinella si sarebbe aspettata di innamorarsi a quattordici anni così da emulare la mamma e si era chiesta come avrebbe fatto a capirlo, senza che nessuno glielo avesse spiegato. Invece, riconobbe subito il sentimento che le nasceva dentro, senza alcuna collocazione di età, o di tempo: amava quel ragazzino bruno, magro, con i calzoni corti. Ed era strano per lei che fino allora aveva considerato degni di attenzione solo gli adulti.

– Ci sediamo qui? – chiese Alessandro, indicandole il primo scalino. E lei, miracolosamente tranquillizzata, accettò.

Fu l'inizio di un bellissimo, tenero rapporto. E quell'incontro fu importante perché, da quel momento, Marinella scordò timori e timidezze. Ogni giorno, più volte, volò in cortile, saltando gli scalini tre alla volta, con la scusa di accompagnare i fratellini. E conobbe anche gli altri ragazzi, maschi e femmine. Imparò a giocare con loro, perdendo anche, in breve tempo, la cadenza siciliana. Sempre aveva il cuore proteso verso Alessandro.

Quando la vedeva apparire, il ragazzo prestava addirittura la palla da baseball ai compagni, in modo che lo lasciassero tranquillo. Stavano in disparte, seduti sul muretto del cortile e parlavano: torrenti di parole. Alessandro raccontava soprattutto di suo padre. Lo adorava. Suo padre che si era trasferito in Romagna piccolissimo con i genitori contadini. Suo padre intelligentissimo che era riuscito a studiare anche se i suoi genitori erano poveri e ignoranti. Suo padre che aveva partecipato alla Resistenza. Suo padre che era rimasto in contatto con alcuni amici americani... Parlando di lui, gli si illuminavano gli occhi, diventava rosso e si eccitava. Aveva uno splendido sorriso. Marinella s'incantava ad ascoltarlo e intanto lo beveva con lo sguardo, senza levarsi mai la sete. L'ammirazione del bambino per il padre la sorprendeva, avrebbe voluto averne altrettanta per il proprio.

– E tuo padre? – accennò lui una volta, sentendosi egoista per il poco spazio che le concedeva.

– Mio padre è stato tanti anni prigioniero in America, non sa niente della Resistenza e poco anche del fascismo – gli spiegò laconica e, d'altra parte, con sincerità.

Il fatto che stessero sempre insieme, a parlare fitto fitto, fu notato dagli altri bambini che scherzavano e li additavano, già pettegoli e maliziosi. A Marinella non importava della curiosità degli altri, per lei non esistevano. Anche le mamme li osservavano incuriosite, ma li consideravano troppo bambini per farne argomento di pettegolezzo. E poi non avevano atteggiamenti furtivi, stavano sempre sotto gli occhi di tutti. Chissà che cosa avevano da raccontarsi di tanto interessante.

Alessandro abitava nel palazzo accanto, anche lui al quinto piano.

Un giorno che non era sceso in cortile perché si era fatto male ad una caviglia, Marinella si sentì chiamare dalla madre di lui. Ne fu turbata.

– Marinella... verresti a giocare col mio Alessandro che non può camminare? Ho preparato dei biscotti che sono una delizia –.

Si sentì imbarazzata, prese tempo: – Vado a chiederlo alla mia mamma –.

Difficilmente la bambina chiedeva il permesso a sua madre, temendo sempre un rifiuto.

– Se ti ha chiamato sua madre, che cosa c'è di male? – la incoraggiò invece la mamma. Forse, inconsciamente, la bambina aveva sperato in un diniego.


Nella cucina, i due bambini sgranocchiavano biscotti, sotto lo sguardo vigile, amorevole e, in qualche modo complice, della mamma di Alessandro. Era una donna molto semplice e non aveva bisogno di analisi complesse per percepire l'innocenza e la genuinità di certi sentimenti.

Il figlio le aveva chiesto di chiamargli in casa la bambina e lei lo aveva esaudito. Sapeva che, in quel modo, lo avrebbe tranquillizzato, visto che, per quindici giorni, doveva starsene fermo col suo piede ingessato.

Adesso, osservava come il bambino si illuminava, radioso, parlando con quella bambina. E lei lo ascoltava altrettanto estasiata. La madre capiva e non si meravigliava.

Ogni pomeriggio, verso le quattro, chiamò Marinella per fare merenda col suo Alessandro, per quindici giorni. Il ragazzo le mostrò tutte le foto di suo padre, dall'infanzia all'età adulta. Quelle con i genitori contadini e, via via, a scuola, dalle elementari al liceo; vestito da balilla e poi in seguito, nel suo gruppo partigiano; nel giorno delle nozze con una moglie che forse non era granché bella, ma aveva gli stessi, immensi occhi neri di suo figlio. Furono ore ripetute nella visione delle foto. Dal vivo, Marinella aveva visto quel padre così idolatrato, soltanto un paio di volte di sfuggita. Ne aveva provato una strana soggezione, una stretta allo stomaco, un senso di freddo e di tristezza. Forse i padri, pensava, fanno sempre quest'effetto. Ma, attraverso le parole del ragazzo, la figura di quell'uomo si illuminava, si riscaldava, s'infuocava. Di sicuro, nessun figlio al mondo sarà tanto smisuratamente innamorato di suo padre.

Era estate, la scuola era chiusa e anche la mamma di Marinella, insegnante, stava a casa. La mattina presto andava a fare la spesa. Qualche volta mandava la bambina con la nota scritta. Marinella stava leggendo uno dei suoi giornaletti, quando sentì la porta di casa aprirsi.

Sua madre la chiamò. – Aiutami a mettere a posto la spesa –.

Si affrettò. Mentre svuotavano la borsa, la mamma, senza preamboli, la informò:

– Stanotte è successa una disgrazia –.

La bambina l'ascoltò distrattamente, rincorrendo ancora la trama del racconto che stava leggendo.

– Un camion ha investito un uomo mentre attraversava la strada, proprio all'altezza del canale, al porto –.

Marinella ascoltava ma disattenta.

– È il padre di quel bambino che gioca sempre con te. Quello che aveva il piede ingessato. Il poveraccio è morto –.

Le si fermò il cuore. Le cadde di mano il cartoccio con le ciliege, pensò che sarebbe svenuta, invece siamo sempre più forti di quanto supponiamo.

– Dai, bevi un bicchier d'acqua, sei diventata pallida come un panno lavato. In fondo, neanche lo conoscevi, quell'uomo –.

Finalmente fu sola. Sua madre era uscita di nuovo. Aveva un tremito dentro, un grande freddo. Soffriva. Unico pensiero, Alessandro... Immaginava il suo dolore, lo viveva,

274

immedesimata al punto da diventare, lei stessa, Alessandro, povero bambino sfortunato.

Si scosse, ebbe uno dei suoi impulsi irrefrenabili. Andò a lavarsi il viso dalle lacrime e uscì di casa.

Le aprì una donna vestita di nero, mai vista, forse una parente. La guardò come altre volte gli adulti l'avevano guardata: incredulità e rimprovero insieme.

Lei riuscì a scandire, con un filo di voce: – Sono un'amica di Alessandro... ho saputo della disgrazia... –.

Quella si fece da parte, senza parlare. In cucina, c'erano tante persone vestite di nero. Per evitarle, tenne lo sguardo ad altezza di bambino.

Nessuno parlò, ma aveva addosso gli occhi di tutti i presenti. E poi lo vide. Seduto come rannicchiato su se stesso, un bambino accartocciato dal dolore.

Anche lui alzò lo sguardo, sorpreso. Distratto per un attimo dalla sua disperazione. Gli si avvicinò e lo abbracciò, lo baciò sulla fronte. Improvvisamente, si sentì molto più alta di lui, forse perché lei era in piedi e lui seduto. Lo sentì tremare. Le sue braccia sembravano cresciute, tanto lo avvolgevano. Dolore e pietà nel suo abbraccio e desiderio di difenderlo e proteggerlo, come potrebbe una madre. In quegli attimi eterni, fortissima, Marinella capì che, morto il padre di lui, il legame fra loro si esauriva. Era stato quel padre la ragione del loro incontrarsi, del tanto parlare. Per quel padre lei ne era stata affascinata. Legame misterioso fra loro così importante, l'amore sconfinato di quel figlio per quel padre. Parlandole di lui, il bambino l'aveva incantata. Alessandro l'aveva "scelta", sapendo che era nata in Sicilia, punto di partenza e di riferimento indispensabile nel rapporto che sarebbe scaturito. Si era consolidato, in seguito, perché quella bambina sapeva ascoltarlo, senza decadimento di attenzione e di interesse. Suo padre, forza e ricchezza da esibire, attrattiva unica, fascino irresistibile.

Ora Alessandro era un bambino disperato e lei una "donna" che tentava di consolarlo. Con quel gesto più grande di lei, in realtà, lo sovrastava. E quel rapporto per il bambino sarebbe diventato in qualche modo svantaggioso, inaccettabile.

In quella dolorosa consapevolezza, l'infanzia di Marinella, se mai c'era stata, finiva.

# Cinquantaduesima istantanea

– *Forse è poco comprensibile* – *riflette Maria* – *la fine improvvisa del rapporto fra i due ragazzi. Bisognerebbe che la bambina ci chiarisse...* –.

– *Marina ti può spiegare meglio* – *la interrompe la bambina.*

*All'occhiata interrogativa, Marina interviene.*

– Quando avevo quindici anni, un amico comune, mi riferì il giudizio di Alessandro sull'ormai famoso episodio. Alessandro riteneva che la bambina fosse stata "molto coraggiosa", nessuno dei suoi amici "maschi" avrebbe osato tanto. Purtroppo, sua madre, in seguito, gliene aveva talmente parlato che lui era arrivato a "detestare" quella bambina. Si può capirlo –.

– Della madre, povera donna, dicevano che non si fosse più ripresa, dopo la morte del marito. Aveva avuto un ictus, seguito da un'emiparesi, uscì fuori di testa –.

Maria le suggerisce e la incoraggia a seguitare il racconto.

– Io ricordo che usciva di casa, vestita di nero, con una bicicletta che usava sia come appoggio che come traino. Non era più in grado di salirci sopra. Quando incontrava la bambina, anche dopo, quando fu cresciuta, la chiamava a gran voce, accentuando il diminutivo del suo nome: "Marinellina, Marinellina..." E, se riusciva ad avvicinarla, l'abbracciava, trattenendola quando quella tentava di schermirsi.

"Bambina mia, non dimenticherò mai quando ti ho vista entrare nella stanza... così piccola, così tenera.. volevi proprio bene al mio Alessandro. Lo hai abbracciato come se tu fossi stata una persona grande. Io lo racconto a tutti, a tutti. Non mi stancherò mai di raccontarlo. Come mi dispiace che tu e Alessandro non siate più amici...".

*Marina sospira:* – *Mi rattrista, ora, a ripensarci ma, quando la vedevo da lontano, al tempo del Liceo, scantonavo. Se mi vedeva prima lei, quella scena veniva replicata; stavo male* per la compassione, ma anche per un senso di ridicolo e di disagio. I compagni che una volta assistettero a quella rappresentazione, dopo, in classe, mi presero in giro. Mi fecero il coretto: "Marinellina, Marinellina..." –.

Si zittisce. La bambina è molto triste e la guarda con rimprovero.

# LA SOFFITTA

C'era stata fin dall'arrivo, ma la scoprì, solo alcuni mesi dopo. La soffitta. La bambina aveva avuto altro da pensare nei mesi precedenti, senza il desiderio di isolarsi. Gli inquilini del quinto e sesto piano avevano in dotazione una stanza–soffitta sotto il tetto, con tanto di porta e di chiave.

Fu un sollievo per Marinella, quel luogo segreto, in alto. Vi erano stati messi degli scatoloni e casse di legno. Con una, capovolgendola, ci fece una specie di tavolo, sul quale scrivere. Le era tornato il desiderio prepotente di fermare i pensieri sulla carta, di inventare storie, fantasticare.

Scrisse un racconto piuttosto inconsueto. Parlava di una bambina che era scappata da casa e aveva chiesto ospitalità in un convento di suore che gestivano un orfanotrofio. Le suore spiegavano che non poteva restare, perché non era un'orfana, ma lei aveva insistito: "Fate finta che lo sia". Una suora si commuoveva e diventava sua complice. Suggeriva alla bambina, che era abbastanza alta, di travestirsi da suora... E così via. Spesso le era capitato di sognare ad occhi aperti la vita in un orfanotrofio, come fosse stato un luogo ideale. I suoi genitori litigavano sempre più frequentemente, sempre più furiosamente. Senza speranza di riconciliazione. Si odiavano. Forse era stato davvero uno sbaglio, raggiungere il babbo in Romagna.

L'ultimo litigio, in ordine di tempo, era stato terribile. La bambina, quando litigavano, veniva colta da una sorta di malore, le diventavano le gambe molli e le veniva il tremito. Quella volta, le era parso di non riuscire più nemmeno a respirare. S'erano insultati e accusati reciprocamente, come mai prima di allora. Dalla stanza accanto, li aveva ascoltati sconvolta, col desiderio di non esistere, di non essere mai esistita. Litigavano nel dialetto siciliano, come in passato anche la mamma con la nonna, per non farsi capire dai vicini. Ma le grida e l'odio nella voce non si potevano nascondere. Sua madre, come sempre, si difendeva dalle accuse, accusando. All'ultima accusa, ringhiata da suo padre, la bambina avrebbe voluto che si difendesse. Il babbo contestava la paternità di Nino, la mamma rispondeva che solo un porco, disgraziato, frequentatore di puttane poteva dubitare. Perché certo lui doveva ricordarselo di quella volta, durante l'ultima licenza, che aveva preteso di fare l'amore, di prepotenza...

Marinella s'era tappata le orecchie con le mani a coppa e poi pressate, fino a farsi scoppiare il cervello, ma le parole erano arrivate lo stesso, pugnalate nel cuore. Ora capiva, anche se non c'erano attenuanti, perché il babbo avesse trattato Nino in quel modo, il giorno che era tornato dalla prigionia. Pensò che la guerra gli aveva rovinato il cervello, al babbo. Altro non era in grado di pensare, però sapeva che le storie nuove della mamma erano venute quando già c'era Nino.

La madre, quando riteneva che un litigio fosse andato oltre, fingeva di svenire. Allora il babbo smetteva di gridare, cercava la figlia e le ordinava: – Occupati di tua madre che s'è sentita male –.

Poi usciva, sbattendo la porta. Bastava quel suono della porta sbattuta a far aprire gli occhi a sua madre. Quell'ultima volta, l'effetto non fu così immediato. E Marinella ebbe uno dei suoi impulsi irresistibili. Si parò davanti a sua madre, che era accasciata ad occhi chiusi, sul pavimento.

– Puoi aprire gli occhi, se n'è andato–.

E sua madre obbedì, ma trasferì l'odio per il marito su di lei.

– Proprio tu – sibilò – vieni a fare del sarcasmo, tu che hai la colpa di tutto. Tu mi hai fatto tornare con lui, con quella faccina falsa da angioletto. Te la ricordi quella notte, a Palermo, quando ti chiesi che cosa dovevo fare? –.

La bambina in soffitta, spesso riviveva quel momento. Aveva cercato di toglierselo dalla mente, ma ritornava. Aveva anche pensato che se il Signore non l'aiutava, forse c'era il modo di levarsi dal mondo, lei così colpevole dell'infelicità di sua madre e dell'odio fra i suoi genitori.

Ma come ho avuto già modo di dire, la bambina aveva un angelo a proteggerla, forse più d'uno.

Nella soffitta c'era una finestrina, una specie di feritoia all'altezza del pavimento, si affacciava sul cortile. Marinella si sdraiava per terra e guardava di sotto. Un po' come quando, più piccola, "spiava" il macellaio, così ora teneva sotto controllo tutto ciò che accadeva nel cortile. Scoprì che il suo sguardo poteva attraversare la strada, entrare nel giardinetto della casa di fronte e, quando la finestra era aperta, perfino nella cucina. Era una casa terra-tetto, vi abitava la famiglia Giorgi, composta dai genitori e tre figli, due femmine e un maschio, proprio come la sua. Ma diversa.

La madre, sui trent'anni, non era bella. Aveva un viso largo e marcato, i fianchi larghi, un aspetto molto semplice, quasi trascurato, la voce un po' roca, sempre pacata. E la serenità le aleggiava intorno.

Quando la finestra della loro cucina era aperta, lo sguardo di Marinella poteva entrare dentro e seguire quella donna che le sembrava straordinaria, intorno ai fornelli, intorno la tavola e vedere la famiglia ridere e scherzare nei momenti di allegria. Ma soprattutto le piaceva molto guardare la signora Giorgi quando lavava i capelli a una delle figlie. D'estate, glieli lavava al lavatoio del giardino. La bambina aveva capelli molto lunghi e folti e le mani di sua madre si muovevano carezzevoli e attente. La incuriosiva che, sui capelli, le spalmasse un rosso d'uovo e poi la birra. Avrebbe saputo in seguito, conoscendoli meglio e frequentando a lungo la loro casa, che quello era un sistema naturale per rinforzare i capelli e renderli lucidi. Aveva perfino provato su di sé, ma da sola era riuscita a combinare soltanto un pasticcio e s'era sentita il puzzo d'uovo addosso fino alla lavatura seguente. Quando, in seguito, glielo aveva raccontato, avevano riso molto, insieme. Ripensandoci, la bambina sdraiata sul pavimento della soffitta, ci rideva da sola. Quella donna era riuscita a regalarle il senso dell'allegria, la capacità di leggere il lato comico dei fatti e l'ironia che ti aiuta a vivere senza piangerti addosso. Se avesse avuto una figlia, di sicuro con i capelli lunghi, le sarebbe piaciuto lavarle i capelli e poi districarglieli delicatamente senza farle male, proprio come faceva la signora Giorgi, dolcissima amica, mai dimenticata.

Dal suo posto di osservazione, vide una ragazzina dirigersi verso Nino che teneva in mano una corda per saltare, trovata per terra. La ragazzina gli si avventò letteralmente contro, strappandogli la corda di mano e, non contenta, spintonò il bambino e, quando lui cercò di reagire, gli diede anche uno schiaffo.

Per Marinella fu come riceverlo lei stessa, ma niente gambe molli questa volta né tremito. Lasciò la soffitta come un fulmine. Saltò i gradini tre alla volta, quattro insieme alla fine della rampa. Fu in cortile in pochi secondi. Appena un'occhiata al fratellino in lacrime e poi di corsa a cercare quella prepotente. La trovò ancora con la corda in mano, pronta a saltare. Le tolse la corda e la buttò per terra.

– Non ti vergogni a picchiare un bambino tanto più piccolo di te? –.

– La corda è mia –.

– Lui l'aveva trovata e non poteva sapere che è tua, bastava spiegarglielo con calma –.

Quella si mise a ridere. – Parli come una maestra, o una mamma, sembri la "vecchina del caffè"...–. E, provocandola, la spingeva indietro.

La mano di Marinella fu più veloce del pensiero. Appiccicò uno schiaffo a destra col palmo, l'altro a sinistra, col dorso della mano, sulle gote dell'avversaria: quello che più semplicemente viene chiamato manrovescio.

– Adesso ho parlato proprio come te che per farti capire usi le mani –.

La lasciò lì impalata, con l'impronta rossa delle dita sui due lati del viso. Era sicura che non si sarebbe lamentata, sapendo di aver torto. Il fratellino aveva seguito la scena da lontano. Gli brillavano gli occhi per l'ammirazione. Marinella, passandogli accanto, gli suggerì: – Chiamami, se ti dà fastidio un'altra volta –.

## Cinquantatreesima istantanea

*C'è silenzio nella stanza. Nessun commento. Sintonia fra le due donne e la bambina. Non sempre si può subire e l'aggressività, se nasce per difendersi dai soprusi, è segno di vitalità. La bambina ha deciso di difendersi dalla sofferenza: stare in disparte e tacere fa soffrire. Ha anche capito, al momento soltanto inconsciamente, che, per ottenere il rispetto degli altri, bisogna imparare a rispettare se stessi. Riconoscendo i propri limiti, per migliorarsi. Per "ricominciare", e ripartire, ogni volta che accade di fermarsi.*

# PROIEZIONE DI SÈ

Accadde in prima media. Incontrò Nicoletta nel corridoio, durante la ricreazione. Non era in classe con lei, ma in quella accanto, con altri insegnanti. Marinella la osservava con una sorta di stupore estatico, non aveva mai visto colori simili. Nicoletta era biondissima e aveva gli occhi di un azzurro quasi turchino. Si sentì troppo bruna e ricciuta, immiserita nel grembiule nero, mentre il biondo dell'altra bambina, sul nero, risaltava.

Nicoletta le si avvicinò e le chiese semplicemente: – Come ti chiami? –.

Dire che si conobbero è improprio, si dovrebbe dire che "si riconobbero".

– Dove ci siamo già viste? – chiese alla bambina bionda.

– Non credo che ci siamo viste prima. Dopo la guerra ci siamo trasferiti a Bologna dalla Sicilia e poi adesso, da due mesi qui –.

– Sei siciliana? –. Ed alla conferma: – Anch'io sono nata in Sicilia. Ma tu non sembri siciliana –.

– Mio padre è siciliano, mia madre è veneta. E poi, forse, discendo dai Normanni –.

Le sembrava incredibile, una bambina così bionda... E poi che strano, prima Alessandro e ora Nicoletta, quel punto di contatto, quel riferimento.

Fu l'inizio della loro amicizia. Marinella fino a quel momento aveva pensato che non sarebbe mai riuscita ad avere un'amica coetanea.

Passavano quasi tutti i pomeriggi insieme. Alcune volte era Marinella, che aveva una bicicletta e ci sapeva andare, a raggiungere l'altra fino a casa sua, a tre chilometri di distanza. Altre volte, l'amica preferiva venire lei, a piedi.

Stavano sempre fuori casa, a chiacchierare sedute sopra una grossa pietra dietro casa di Nicoletta, o sugli scalini esterni del palazzo dove abitava Marinella.

– Non mi piace stare in casa – aveva detto Nicoletta.

– Neanche a me –.

In quel modo, studiavano poco. Non soltanto perché in classi diverse. Un pomeriggio Nicoletta la sollecitò.

– Ti insegno un gioco che di solito faccio da sola –.

La condusse ai margini di una strada provinciale, dove c'era abbastanza traffico, soprattutto in certe ore, anche se all'epoca di auto ce ne erano poche.

– È il gioco del gatto –.

– Come sarebbe il gioco del gatto, non l'ho mai sentito –.

– Hai mai visto i gatti come attraversano la strada? Noi siamo gatti e attraversiamo la strada –.

Si trovavano dietro una curva.

– Ma da qui non si vede se arriva una macchina... – osservò Marinella, preoccupata.

– È proprio questo il bello: i gatti non guardano se arriva una macchina. Attraversano e basta. Adesso! Vieni! –. E la tirò per un braccio, con tanta energia che Marinella dovette correre se non voleva restare in mezzo alla strada. L'auto in arrivo passò alle loro spalle. Nicoletta aveva aspettato di sentirne il motore dietro la curva, prima di scattare.

– È un gioco troppo pericoloso (avrebbe voluto dire cretino), se ne vedono tanti, di gatti, spiaccicati per la strada –.

– Non tanti, solo i più lenti –.

– Beh, è un gioco che a me non piace, non voglio farlo. E noi non siamo gatti –. Le era venuto in mente il padre di Alessandro. Anche lui non era stato un gatto. Scacciò quel pensiero che le sembrava irriverente.

– Vuol dire che hai paura di morire – infierì Nicoletta.

– Non proprio –. Come spiegare all'amica quante volte aveva desiderato di morire, del gioco che fin da piccolissima faceva, prima di addormentarsi, per addormentarsi. Senza dimenticare il tentativo di pochi mesi prima, quando aveva bevuto il miscuglio di medicinali. Invece fu facile raccontarglielo con l'altra che l'ascoltava attenta e, con cenni della testa, approvava.

– Che cosa pensi che farai da grande? –.

– La scrittrice –.

Espressione sorpresa dell'amica: – Piacerebbe anche a me –.

– Sto scrivendo un romanzo, ho scritto delle poesie e le ho anche pubblicate... –.

– Che bello... Io ho scritto soltanto un diario, però sembra un romanzo, se vuoi te lo faccio leggere. Ma... è molto segreto, devi giurarmi che non ne parlerai con nessuno –.

Le sembrò, e lo era, una dimostrazione di estrema fiducia, una prova di grande amicizia.

Lo lesse di notte. Quando gli altri di casa avevano già chiuso la porta di camera per andare a letto e non avrebbero notato la luce accesa nella stanza accanto.

Lesse per tre ore filate. Quando ebbe finito, aveva un nodo in gola. Fino a quel momento non si era mai fermata a pensare che altri bambini, oltre lei, avessero tanta sofferenza dentro il cuore. Nicoletta rammentava episodi che risalivano ai due anni, ce ne erano alcuni di terribili. Ma il diario–romanzo sembrava scritto da un'adulta. Anche la bambina Nicoletta nascondeva un'adulta nel corpo di bambina. In lei, Marinella si riconosceva.

La mattina dopo, nel corridoio della scuola, durante la ricreazione, le restituì il grosso quaderno dalla copertina nera. La bambina si meravigliò che lo avesse letto così in fretta.

– L'ho letto di notte, tutto d'un fiato. Mi ha ricordato tante storie mie –.

– Per questo te l'ho fatto leggere. Anche perché, se un giorno diventerai scrittrice, tu scriva di me –.

– Perché io, puoi farlo tu: sei molto brava a scrivere –.

Sorrise sibillina: – Prima, o poi, lo brucerò questo diario, c'è mia madre che va sempre a frugare fra le mie cose, anche se di me non gliene importa niente –.

Entrando a scuola, non l'aveva vista fra gli altri allievi per le scale che portavano alle classi del primo piano. La cercò nell'intervallo delle undici.

– Non è venuta a scuola la Ramalli? –.

La ragazzina interpellata la guardò ammutolita. Fu l'insegnante, che stava sulla porta della classe per controllare, a chiamarla.

– Hai chiesto della Ramalli? La conosci? –.

– Siamo amiche –.

– Mi dispiace, devo darti un dolore. Abbiamo saputo stamattina che la Ramalli è stata investita da una macchina, mentre attraversava la strada. Purtroppo non c'è stato niente da fare –.

Marinella la guardava senza vederla, aveva nebbia davanti agli occhi.

## Cinquantaquattresima istantanea

*Marina è turbata. – Non ricordo quell'episodio –.*

*– Quale episodio, il gioco del gatto o la lettura del diario o la disgrazia? O l'incontro con l'amica Nicoletta? –.*

*– Niente ricordo –.*

*– Ma la bambina ricorda. Forse più tardi sei stata tu a rimuovere il ricordo –.*

*– Può darsi il nome Nicoletta, o i capelli biondi... non altro. Forse hai lavorato di fantasia... –.*

*– Non più di tanto. È davvero strano non ricordare un episodio così importante. Marinella non credette ad una disgrazia. Era certa che la sua amica fosse morta nel gioco del gatto. Aveva cercato la morte ed era riuscita a trovarla. Così s'era portata via anche la "tentazione" di Marinella. La bambina non rivelò mai i suoi sospetti –.*

*– E del diario, che ne è stato del diario? E che cosa c'era scritto nel diario? –.*

*La bambina risponde ponendosi le dita a croce sulla labbra: è un segreto. Nella luce soffusa della stanza, rosata dal tramonto, assume un'immagine sfocata, come sdoppiata: è bruna ed è bionda nello stesso tempo. Ma forse è soltanto un gioco di luci. Per chi guarda dal di fuori, discreta e silenziosa presenza, l'interno della stanza ha il fascino del surreale.*

# RAPIDE SEQUENZE

Per me la guerra fu mio padre che partì in divisa, baldanzoso, il petto in fuori, gonfio delle sue sbagliate illusioni. Il mio dolore violento, animale, vedendolo partire. Le lettere rare e avare su cui mia madre piangeva, sentimenti diversi fra le prime e le ultime arrivate. I notiziari alla radio che comunicavano i nomi dei dispersi. L'urlo di mia madre che partoriva mio fratello, dopo l'ultima licenza di mio padre. Gli aerei americani che bombardavano la città, mentre l'ostetrica si affaccendava a lume di candela. La mia unica bambola, sotto le macerie della casa. Il trasferimento nel paesetto di Romagna dove mia madre insegnava. La vecchia scuola, un grande stanzone umido che ci ospitò per molti mesi. La prima elementare a cinque anni, la più severa delle insegnanti, mia madre. Le compagne di scuola. Verdiana, nome irreale, un visetto diafano, le treccine nere ai lati, come l'ombra di ciò che sarebbe stato: già sapevi che saresti morta bambina? Giorni d'estate, cancellare me stessa, nella casa della Silvana, figlia di contadini, il più felice dei miei ricordi. L'osteria sotto casa. I tedeschi che si ubriacavano ogni sera. La fuga del medico condotto, lo stupore, lo sgomento, il disprezzo. Oggi mi domando, tentando di giustificarlo, era forse un ebreo? La polmonite di mio fratello. La mia difterite. Il lungo viale alberato, l'ospedale militare tedesco, i cavalli enormi sulla sinistra, io che camminavo a destra il più possibile, sul ciglio del fosso. L'acqua che ci bagnò fino alla cintola, nel rifugio improvvisato, una notte, durante un bombardamento. Il crollo della seconda casa. Il cuore malato della nonna. Il rifiuto di ospitarci soltanto fino al cessato allarme. Il cammino a ritroso, verso il fronte tedesco che indietreggiava. Le galline morte nell'aia e la fame. Il fuoco nel fienile, noi sotto, nel rifugio scavato per terra. I cannoni alleati contro l'unico superstite tedesco, nascosto in una casa colonica abbandonata. I soldati americani. Gli elmetti. Le mitragliatrici. Oh, Dio, simili a quelle altre! La ricerca di un ipotetico tedesco, caso mai ne fossero scampati di quegli unici tre, i più giovani e ingenui, rimasti a coprire la fuga dei compagni. Poi, la "pace". Nuovo trasferimento. Nuova casa mezza diroccata. Nuovo lavoro della mamma che conosceva bene l'inglese ed era una passabile dattilografa. Le domestiche. I loro fidanzati. La scuola nel convento delle suore. La crisi mistica e i vestiti lunghi fino al polpaccio. E la pace? La bomba fra le mani di un compagno. "Vieni, aiutami. Non posso, mi aspettano". I brandelli di carne e l'odore del sangue. E la pace? Il viaggio verso la Sicilia: il camion, il treno. Ma sotto tutta quella gente, grappoli umani, c'era il treno? La sete. Dormire in piedi. Lo scarpone del soldato sulla testa di mia sorella. I piedi insensibili, buffi e strani così gonfi, enormi. La Sicilia, Palermo. La casa degli zii. La dispensa chiusa a chiave. I dispetti. Le umiliazioni. E sempre più grave il mal di cuore della nonna. Il sole sopra il tetto spiovente del palazzo di cinque piani. I giochi con la cugina. Il ritorno inatteso di mio padre. Il pianto di mio fratello che ne aveva paura. L'incredulità, la delusione. La sua insofferenza per il figlio che non aveva conosciuto. Il pianto di mia madre, troppo vile per assumersi delle responsabilità. Le urla di quell'uomo che è mio padre. Nuova casa provvisoria. La morte della nonna. Il ritorno in Romagna. Nuova casa. Primo amore. Litigi e odio fra i miei genitori. Problema loro che non è più mio. E la pace? La ribellione e la voglia di lottare. Nicoletta bambina adulta che non fu capace di lottare. Il diritto e il dovere di vivere: difendere me stessa dai sensi di colpa. Il rifiuto di scontare colpe non mie, ma quali sono le colpe e quali i colpevoli? Finalmente la pace.

## Ultima istantanea

*Le immagini scorrono davanti agli occhi socchiusi di Maria, come le rapide sequenze di un film. Lei sta seduta sopra un cuscino sul tappeto dai colori caldi. Tiene le gambe incrociate alla maniera orientale nella posizione yoga, come ha imparato in gioventù, durante una lunga permanenza in India.*

*Nella stanza dalle pareti bianche, è solita trascorrere abitualmente brevi spazi del suo tempo. Lo spazio del tempo può sembrare breve anche se lunghissimo e viceversa.*

*Maria ha percorso un lungo viaggio nel breve tempo dello spazio nella stanza. Le due compagne di viaggio, una giovane donna e una bambina, proiezioni del suo inconscio, si sono dissolte dopo l'ultima tappa. Eppure sono ancora presenti, serenamente, nel suo cuore.*

*Quando si alza, ha le gambe indolenzite per la posizione mantenuta così a lungo, oppure non è più così snodata come nel passato. Fa qualche movimento distensivo che l'aiuta a sciogliere la muscolatura. Nella stanza si è fatto buio, ma la luce rossastra del tramonto filtra ancora dalle persiane chiuse. Le apre.*

Alle sua sinistra, il sole gioca con le foglie della quercia, è una pianta secolare che si alza al di sopra della casa in collina. Guardando verso destra, sulla sommità di un poggio, c'è un paese dalle mura medioevali: sono rosate, nel tramonto. Guardando in basso, dalla finestra del primo piano, vede suo marito che sta giocando col cane. Entrambi alzano lo sguardo ad osservarla.

– Domani vengono i ragazzi – l'uomo le ricorda. I ragazzi sono i quattro figli con i sei nipoti. Accenderanno il fuoco nel camino per l'abituale grigliata. Maria, guardandoli riuniti tutti insieme, intorno al tavolo da pranzo, si sentirà appagata e in pace con se stessa.

Prima di lasciare la stanza, lascia scorrere lo sguardo intorno. Osserva le pareti bianche, pensa che siano troppo spoglie, sarebbe bene mettere qualche quadro. Esita un momento sulla porta. Ha la percezione di una presenza, un'attenzione discreta, che l'ha osservata per tutta la permanenza nella stanza. La scoperta non la disturba. Chiude la porta dietro di sé.

# INDICE

Finito di stampare nel mese di gennaio 2015